CO$_2$-Emissionen vermeiden, reduzieren, kompensieren –
nach diesem Grundsatz handelt der oekom verlag.
Unvermeidbare Emissionen kompensiert der Verlag
durch Investitionen in ein Gold-Standard-Projekt.
Mehr Informationen finden Sie unter: www.oekom.de.

Bibliografische Information der Deutschen Nationalbibliothek:
Die Deutsche Nationalbibliothek verzeichnet diese Publikation
in der Deutschen Nationalbibliografie; detaillierte bibliografische
Daten sind im Internet über http://dnb.d-nb.de abrufbar.

© 2015 oekom verlag München
Gesellschaft für ökologische Kommunikation mbH
Waltherstraße 29, 80337 München

Lektorat: Uta Ruge
Korrektorat: Maike Specht
Umschlaggestaltung: www.buero-jorge-schmidt.de
Layout und Satz: Reihs Satzstudio, Lohmar
Druck: GGP Media GmbH, Pößneck

Dieses Buch wurde auf FSC®-zertifiziertem Recyclingpapier
und auf Papier aus anderen kontrollierten Quellen gedruckt.
Circleoffset Premium White, geliefert von Igepagroup,
ein Produkt der Arjo Wiggins.

Daniel Fuhrhop

VERBIETET DAS BAUEN!

Eine Streitschrift

Inhalt

Vorwort

Uwe Schneidewind

Präsident und wissenschaftlicher Geschäftsführer,
Wuppertal Institut für Klima, Umwelt und Energie

Die Nachhaltigkeitsforschung konzentrierte sich lange auf die Suche nach *öko-effizienten* Lösungen, auch am Wuppertal Institut. Ernst Ulrich von Weizsäcker brachte seinen »Faktor 4« der gesteigerten Ökoeffizienz auf die einprägsame Formel »Doppelter Wohlstand bei halbiertem Umweltverbrauch«: ob bei Mobilität, bei Kühlschränken oder bei der Gebäudedämmung.

Doch es wird immer deutlicher, dass eine gesteigerte Ökoeffizienz alleine nicht ausreichen wird, um die Klimaziele zu erreichen: Denn effizienter Verbrauch verführt dazu, mehr vom Gleichen zu nutzen. Der Effizienzgewinn wird durch Wachstum kompensiert. Mit dem Begriff »Rebound« wird dieses Phänomen in der aktuellen Umweltdiskussion bezeichnet. Darum benötigen wir Strategien, die den Verbrauch absolut mindern. »Suffizienz« ist hierfür die Formel – mit weniger auskommen und dabei doch besser leben. Die intelligente Verknüpfung von Suffizienz und Effizienz wird damit zum Kompass für eine aufgeklärte Nachhaltigkeitspolitik.

Für die Gestaltung unserer Städte und Gebäude liegen erst wenige Vorschläge vor, wie Suffizienz konkret aussehen kann. Mit dem vorliegenden Buch legt Daniel Fuhrhop nicht weniger als eine Gesamtschau der Suffizienzstrategien rund um Städte vor. Er präsentiert einen »Stadtwandel«, eine Landkarte für zukunftsweisende urbane Transformationsstrategien.

Doch können solche radikalen Forderungen wie ein »Verbietet das Bauen!« auch Gegenstand wissenschaftlicher Analyse sein? Ja, das können sie! Die aktuelle Umweltsituation erfordert ein Nachdenken über die Bausteine einer »Großen Transformation«. Dafür braucht es auch den Mut zu radikalen Forderungen. Die regen den Austausch von Wissenschaftlerinnen und Wissenschaftlern sowie von praktischen Gestaltern des urbanen Wandels an. Und die Zukunft unserer Städte ist eines der wichtigsten Reallabore für eine nachhaltige Entwicklung.

Insofern ist es erfrischend, dass das vorliegende Buch einen Impuls »von außen« in die urbane Transformationsforschung gibt, von einem Fachmann für Architektur, Bauen und Immobilien, der ökonomische und soziokulturelle Argumente anregend verknüpft. Daniel Fuhrhop liefert mit dem Buch einen wichtigen Beitrag zur Suffizienzforschung und -politik und macht mit seinen Innovationsvorschlägen Lust auf suffiziente Städte.

So plakativ der Titel des Bauverbots, so pragmatisch sind doch gleichzeitig die Vorschläge, die dieses Buch präsentiert. Es regt regional und zeitlich begrenzte Baustopps an, durchaus begrenzt auf einzelne Segmente des Bauens wie Büro, Handel oder Wohnen. Daniel Fuhrhop bezieht sich dabei auch auf die Arbeiten von Michael Kopatz vom Wuppertal Institut, der ein starker Verfechter eines Wohnungsbau-Moratoriums ist.

Am Wuppertal Institut verstehen wir die provokante Bauverbotsforderung als Auftrag für zukünftige Forschung. Suffizienz beim Bauen ist angesichts ihrer Bedeutung ein bisher unterentwickeltes Forschungsfeld. Es ist auf interdisziplinäre Ansätze angewiesen: Umweltökonomen, Raumplaner sowie Immobilienwirtschaftler und Juristen sind ebenso gefragt wie Architekten und Stadtplaner.

Die Themen reichen von der kommunalen Praxis der Bauordnungen und Bebauungspläne bis zu landes- und bundesrechtlichen Regelungen zu Flächenverbrauch und Regionalplanung. Doch es geht auch um soziale und kulturelle Aspekte. Dies wird im Buch besonders deutlich, denn der Wandel unserer Städte berührt immer auch den Menschen. Suffiziente Politik soll gutes Leben einfacher machen, und nur wenig berührt unsere Lebensqualität so sehr wie die Lebendigkeit der Städte.

Das Buch begnügt sich nicht damit, anschauliche Beispiele vorzustellen, wie etwa durch gemeinschaftliches Wohnen weniger Fläche beansprucht wird oder wie Leerstand eingedämmt werden kann. Es geht weiter und berührt dabei auch den Eigentumsbegriff. Auch der darf kein absolutes Tabu sein, um Leerstand zu beseitigen. Überzeugende Beispiele aus den Niederlanden zeigen, wie hier interessante Wege möglich sind, ohne unsere Eigentumsordnung insgesamt infrage zu stellen.

Ähnlich weitgehend sind die Vorschläge Fuhrhops dafür, wie sich regionale und soziale Ungleichheit lindern lassen. Wenn er vorschlägt, die aktuelle regionale Tourismuswerbung und Wirtschaftsförderung auf den Prüfstand zu stellen oder gar in ihr Gegenteil zu verkehren, so ist diese Forderung mindestens so radikal wie die nach einem Bauverbot. Fuhrhop argumentiert konsequent systemisch – beim Bauen und Umbauen, beim Zugriff auf leerstehende Flächen sowie bei der regionalen Entwicklung.

Es lohnt, sich auf die Reise einzulassen, unsere Städte und Baupolitik radikal anders zu denken. Die Diskussion über eine »Große Transformation« braucht genau solche mutigen Impulse.

Wuppertal, Juni 2015

Einführung

Die Elbphilharmonie sollte das Land Hamburg ursprünglich 77 Millionen Euro kosten, nun werden es ungefähr 789 Millionen; der Flughafen Berlin-Brandenburg dürfte am Ende bei fünf Milliarden Euro landen, vielleicht auch bei sechs, sieben oder acht. Doch die Bauwut finden wir über die bekannten Prestige- und Skandalprojekte hinaus: In Deutschland entstehen jährlich einige hunderttausend Quadratmeter Handelsfläche, mehrere Millionen Quadratmeter Büros und über 200.000 Wohnungen!

Selbst das sei viel zu wenig, heißt es. Dabei ist es so, als bauten wir jedes Jahr eine Stadt wie Bonn neu. Doch die Einwohnerzahl hierzulande stagniert seit etwa zwanzig Jahren, also brauchen gleich viele Menschen immer mehr Platz. Seit der Nachkriegszeit steigt Jahr für Jahr die Wohnfläche pro Person auf inzwischen 45 Quadratmeter. Zwar modernisieren wir Heizungen und dämmen unsere Häuser, aber was wir dadurch an Effizienz gewinnen, verlieren wir durch die Ausweitung der Fläche; der Verbrauch von Raumwärme ändert sich dadurch kaum.[1]

Die Bauindustrie verschafft Bauherren mit angeblich sparsamen Ökohäusern ein gutes Gewissen. Doch auch deren Bau benötigt erst einmal viel Energie – und Raum. Und der kann nicht ewig wachsen. Wir müssen die Grenzen des Wachstums endlich auch beim Bauen erkennen. Bauen scheint bislang so selbstverständlich wie in der Redewendung, dass ein Mann drei Dinge in seinem Leben tun müsse: ein Kind zeugen, einen Baum pflanzen und ein Haus bauen. Abgesehen davon, dass eine solche Regel heute für Männer und Frauen gelten müsste, hat der Hausbau in dieser Reihe nichts mehr zu suchen. Irgendwann haben wir genug Häuser gebaut. Bauen ist kein Grundrecht.

Es ist Zeit für einen radikalen Wandel. Bereits in den 1960er-Jahren wurden unwirtliche Städte und öde Neubauviertel kritisiert, in den Siebzigern gab es Widerstand gegen Abriss und Kahlschlagsanierung und in den Achtzigern Hausbesetzungen als Protest gegen Leerstand. Heute geht es ums Ganze, denn Häuser tragen erheblich zum Klimawandel bei: Vermutlich gut zwanzig Prozent aller Energie in Deutschland verbrauchen wir allein für das Heizen von Gebäuden und für Warmwasser; die genaue Zahl ist umstritten.[2]

Bauen wir also nicht mehr neu, sondern kümmern wir uns um unsere vorhandenen Häuser: Abriss verhindern, Leerstand beseitigen und die Häuser weiter, neu und besser nutzen. Wenn wir alle Möglichkeiten der Altbauten ausschöpfen, brauchen wir keinen Neubau.

1

Bauwut

Das Oldenburger Gerichtsviertel befindet sich in idyllischer Lage direkt am Ufer der Hunte, gegenüber vom Schlosspark. Auf mehrere Straßen verteilt, wuchs im Laufe von über hundert Jahren ein Ensemble aus jenen Gerichten, die dem Viertel ihren Namen geben: Das historistische Amtsgericht erinnert mit seinen groben Steinen am hohen Erdgeschoss an eine Burg, roter Backstein und ein gläsernes Dachgeschoss prägen das Landgericht; das Oberlandesgericht mit seinem eleganten ovalen Treppenhaus und einem zwölf Quadratmeter großen Glasmosaik im Foyer bildet einen Höhepunkt der Nachkriegsmoderne. Doch all das wollten Politiker verkaufen und teilweise zum Abriss freigeben. Sie träumten von einem neuen Justizzentrum, einem einzigen prestigeträchtigen Neubau auf einer Brache am Bahnhof zu Kosten von vermutlich 197 Millionen Euro. Dabei interessierten sie weder die lange Tradition des Gerichtsviertels noch dessen Platzreserven; immerhin stand ein ehemaliges Gefängnis leer. Es gab Protest, und schließlich wurden die rund 750 Mitarbeiter der Gerichte nach ihrer Meinung gefragt. Das Ergebnis war überdeutlich: 96 Prozent beteiligten sich an der Befragung, und über 72 Prozent von ihnen lehnten einen Neubau ab.

Skandalprojekte und Prestigebauten

Das Justizzentrum in Oldenburg konnte verhindert werden, aber in ganz Deutschland entstehen Prestigebauten: die Elbphilharmonie in Hamburg, das Humboldt-Forum in Berlin, ein Bahnhof samt neuem Stadtviertel bei Stuttgart 21. In dieser Parade der Verschwendung gehen »kleinere« Skandale fast unter: Der Neubau der Europäischen Zentralbank in Frankfurt am Main kostete wohl etwa 1,3 Milliarden Euro,[3] die Zentrale des Bundesnachrichtendienstes in Berlin (samt Umzug aus Pullach) liegt bei rund 1,5 Milliarden Euro,[4] wovon man viertausend Einfamilienhäuser bauen könnte. Jede Stadt, die etwas auf sich hält, leistet sich ihr eigenes Skandalprojekt (vielleicht diskutiert man deswegen in München über den Bau eines Konzerthauses). Nicht überall dauert es so lang wie beim Berliner Flughafen, der mindestens fünf Jahre später als geplant fertig wird. Und nicht jedes Mal geht es so dramatisch schief wie beim Bau der Kölner U-Bahn, bei dem 2009 das Stadtarchiv einstürzte.

Die teuersten aktuellen Bauprojekte Deutschlands
(Stand Mitte 2015 – ohne Garantie, dass es nicht noch teurer wird)

1. BER Flughafen Berlin-Brandenburg: rund 5,5 Milliarden Euro
2. S21 Bahnhof Stuttgart: rund 4,5 Milliarden Euro
3. BND Bundesnachrichtendienst Berlin, zuzüglich Umzug aus Pullach: etwa 1,5 Milliarden Euro
4. EZB Europäische Zentralbank Frankfurt am Main: circa 1,3 Milliarden Euro
5. Elbphilharmonie Hamburg: etwa 789 Millionen Euro
6. Humboldt-Forum Berlin: etwa 590 Millionen Euro

Natürlich kann auch die Sanierung von *Altbauten* teuer werden, vor allem, wenn man sie vorher nicht gut instand hielt und nötige Reparaturen verschleppte. Aber die hohen Kosten sind typisch für *Neubauten*, denn die sind ein gutes Geschäft für Planer und Baufirmen.

Nichts zu kosten scheint das Bauen dagegen die Städte und Gemeinden, denn sie erhalten für sogenannte Leuchtturmprojekte Fördergeld vom Bund oder aus Europa, etwa für neue Stadthallen und Spaßbäder. Vor allem für deren *Bau* bekommen sie Geld, während sie den *Betrieb* oft alleine schultern müssen und daran oft scheitern. Dann wird kaputtgespart *und* neu gebaut, wie ein Beispiel aus der Kultur zeigt. Derzeit werden nämlich gleich drei Bauhaus-Museen geplant: In Dessau in Sachsen-Anhalt soll ein Neubau für rund 25 Millionen Euro entstehen, von denen das Land die Hälfte trägt;[5] nur hundertzwanzig Kilometer entfernt plant man in Weimar ein weiteres Bauhaus-Museum für etwa 22 Millionen;[6] und in Berlin soll das Bauhaus-Archiv einen Neubau für gut 34 Millionen Euro erhalten.[7] Gleichzeitig kürzte das Land Sachsen-Anhalt 2015 seinen Theatern und Orchestern die Förderung um sechs Millionen von 36 auf 30 Millionen Euro – allein Dessau bekommt dann etwa drei Millionen Euro weniger pro Jahr![8]

Über die Fördermillionen sprechen Politiker gerne, während sie die Folgekosten eines Prestigebaus lieber verschweigen. Wer Neubauten plant und deren Vorzüge preisen will, hat viele Tricks auf Lager. Einige davon lassen sich beispielhaft am Nordseeort Dangast zeigen. Dort hatten Politiker bereits in den 1970er-Jahren Millionen in ein Bad investiert, um mehr Besucher anzulocken. In den Achtzigerjahren entstand dann die Kuranlage Deichhörn: drei Backsteinbauten mit Läden und Büros. Doch die möchten Lokalpolitiker nach nur drei Jahrzehnten abreißen und stattdessen beim Quellbad neu bauen. Es ist lehrreich, mit welchen Kniffen sie das durchsetzten.

Wie Neubau durchgedrückt wird –
das Beispiel Dangast [9]

1. *Altbau schlechtgerechnet:* Laut zwei Gutachten von 2013 zur Kuranlage Deichhörn könnte es über 1,5 Millionen Euro kosten, die drei Häuser zu sanieren, doch die Energiekosten würden dadurch angeblich nur um gut zwanzigtausend Euro jährlich sinken.[10] Solche Zahlen lassen ein Gefälligkeitsgutachten vermuten, denn eine vernünftige Sanierung rechnet sich nicht erst nach 75 Jahren. Entweder man spart mehr, oder man saniert günstiger, aber so wird der Altbau schlechtgeredet.

2. *Neubau schöngerechnet*: Das Quellbad zu erweitern ist vermeintlich günstiger, als die Kuranlage zu sanieren. Doch zum einen nahm man dabei stark steigende Besucherzahlen an und entsprechend hohe Einnahmen, zum anderen wurden die neuen Flächen wohl recht knapp geplant, damit die Ausgaben niedrig scheinen. Die teure Nachbesserung kündigt sich bereits an.

3. *Tafelsilber verscherbeln:* Um den Neubau zu finanzieren, möchte die Gemeinde den Kurpark verkaufen und einen Investor dort Hunderte Ferienwohnungen bauen lassen.

4. *Äpfel und Birnen vermischen:* In der Diskussion über Neubau oder Sanierung werden zwei Posten genannt, die nichts mit der Sache zu tun haben – die Altschulden des letzten Bauprojekts und die Kosten eines höheren Deiches.

5. *Fehler zweimal machen:* Kosten beim Umbau des Freibades 1998: rund sieben Millionen Euro; Kosten des neuen Projekts: ebenfalls rund sieben Millionen Euro.

6. *Schönes Etikett anbringen:* Die Politiker wollen angeblich nicht nur das Bad erweitern, sondern ein »Weltnaturerbeportal« zum Wattenmeer bauen mit einem Informationszentrum für Besucher. Vielleicht

ist so ein Besucherzentrum tatsächlich sinnvoll, aber lässt es sich dann nicht ebenso gut in den Altbauten unterbringen?

7. *Hilfe von oben nur für Neubau:* Das Land Niedersachsen will Dangast mit zwei Millionen Euro unterstützen, der Landkreis mit einer halben Million. Das Geld fließt aber nur für den Neubau.

8. *Alternativen missachten I:* Auch für die Sanierung der Altbauten gäbe es Fördermittel (aus der Dorferneuerung).

9. *Alternativen missachten II:* Man könnte die vorhandenen Altbauten besser nutzen; Ideen dafür liegen vor.

10. *Bürgerwillen ignorieren:* Gleich zweimal haben die Bürger von Dangast 2013 rund 2.700 Unterschriften gesammelt, um einen Bürgerentscheid zu erreichen. Zweimal hat der Verwaltungsausschuss von Varel aus formalen Gründen das Bürgerbegehren abgelehnt.

Warnung an Pyramidenbauer

Der Bus vom Bahnhof Kassel-Wilhelmshöhe erreicht nach vierzig Minuten das Terminal des Flughafens Kassel-Calden und entlässt den Besucher an einen erstaunlich ruhigen Ort, denn weder hört man Flugzeuge, noch kann man sie auf der 2.500 Meter langen Start- und Landebahn sehen. Wenige Menschen verlieren sich an den zehn Schaltern, an denen eigentlich viele einchecken sollten: Laut einer Bedarfsanalyse könne man 2015 wahrscheinlich mit 560.000 Fluggästen und zehn Jahre später mit 765.000 rechnen – doch im ersten Betriebsjahr 2013 waren es nur 47.000![11] In den ersten Tagen wurde ein Flug von so wenig Menschen gebucht, dass man sie mit dem Taxi nach Paderborn fuhr, wo gerade mal siebzig Kilometer weiter der Paderborn Lippstadt Airport liegt. Immerhin ähneln sich seit 2015 die Namen: Der Flughafen Kassel-Calden heißt jetzt Kassel Airport.

2013 eröffnete in Kassel-Calden »der sinnloseste Flughafen Deutschlands«, wie die Bild-Zeitung titelte.[12] 271 Millionen Euro kostete der Kasseler Flughafen, und im ersten Jahr seines Betriebs machte er über 6 Millionen Euro Miese. Während das Land Hessen den Bau finanzierte, beteiligen sich am Betrieb und seinen Verlusten auch die Stadt und der Landkreis Kassel sowie der kleine Ort Calden. Von sechzig regionalen Flugplätzen in Deutschland schreiben nur sechs schwarze Zahlen. Nun sagt die EU, dass der laufende Betrieb von Flughäfen ab 2024 nicht mehr bezuschusst werden darf, und dann wird endlich ein Unsinn beendet, der nie hätte beginnen dürfen.

Gewinnsucht und Prestigedenken sind unvernünftig, aber nicht unrechtlich. Aber ist auch außergewöhnlich dreiste Verschwendung erlaubt? Vielleicht müssen Neubauplaner dafür bald die Verantwortung übernehmen. Eine »Warnung an Pyramidenbauer«[13] nennt die Berliner Zeitung das Urteil des Landgerichts Koblenz vom April 2014 zum Ausbau des Nürburgrings: Der ehemalige Finanzminister von Rheinland-Pfalz soll dreieinhalb Jahre ins Gefängnis. Zehn Jahre vorher hatten Landespolitiker begonnen, eine Erlebniswelt am Nürburgring zu planen mit dem Bau von »zwei Hotels, einem Feriendorf, einem Erlebnispark mit Motorsport-Museum, einer Disco und diversen Restaurants sowie der schnellsten Achterbahn der Welt«, so listete es die Wirtschaftswoche auf.[14] Diese Attraktionen sollten Besucher anlocken und langfristig die Verluste der weitgehend landeseigenen Nürburgring GmbH mindern. Kurzfristig aber gewährte 2010 eine landeseigene Förderbank 330 Millionen Euro Kredit. Das war ursprünglich wohl auch von den Politikern nicht geplant, die auf private Investoren gehofft hatten. Aber wie bei so vielen Neubauten erfüllten sich diese Hoffnungen nicht, und man griff auf Steuergelder zurück. Als der Finanzminister dies verbergen wollte, ging er scheinbar über das Erlaubte hinaus. So schildert die Tageszeitung Die Welt, der Minister habe sich »der Vertuschung des Flusses öffentlicher Mittel in ein privates Bauprojekt schuldig gemacht«.[15] Er habe seine Befugnis »überschritten, als er Bürgschaften der landeseigenen Investitions- und Strukturbank (ISB) für Mittel anordnete, die«, so zitiert Die Welt aus den Erläuterungen des Landgerichts, »in hohem Maße ausfallgefährdet« gewesen seien. Es handelte sich dabei um »verkappte Darlehen«. Das heißt: Das Land bürgte nicht nur für einen *Notfall*, sondern gab privaten Investoren einen *Kredit*. Im Prozess beim Koblenzer Landgericht ging es um vergleichsweise kleine Summen; wie teuer es insgesamt für die öffentliche Hand wird, dürfte erst in einigen Jahren feststehen – die EU-Kommission witterte unerlaubte Beihilfen von mehr als einer halben Milliarde Euro.

Zwar wird das Verfahren gegen den ehemaligen Minister im Frühjahr 2015 vom Bundesgerichtshof geprüft, und damit steht noch nicht fest, ob er wirklich ins Gefängnis muss.[16] Trotzdem bringt die Haftstrafe für den Finanzminister Politiker bundesweit vielleicht zum Nachdenken, vermutete die Berliner Zeitung. Es habe hierzulande noch nie eine Gefängnisstrafe für ein gescheitertes Projekt gegeben. Dann hätte der Skandal am Nürburgring etwas Gutes bewirkt, nämlich dass Politiker künftig gut überlegen, wie weit der Auftrag ihres Amtes reicht. Und dass sie begreifen: Verschwendung und Millionenbauten gehören nicht zu ihrer Dienstpflicht. Das Ende der Geduld mit den Bauwütigen scheint gekommen.

Warum die Wirtschaft baut

Wenn bei *öffentlichen* Bauherren Prestigedenken oder gar Korruption zum Neubau führen, könnte man meinen, dass es bei *privaten* Investoren anders zugeht. Doch weit gefehlt: Zum einen ist es rechtlich fragwürdig, wie vielfach verschachtelte Firmen dank eines

Luxemburger Briefkastens fast steuerfrei in Deutschland investieren. Zum anderen lässt nicht echter Bedarf neue Büros und Lagerhallen entstehen; es sind vielmehr internationale Geldströme, die das Bauen anheizen. Kapital-Sammelstellen aus der ganzen Welt, also Banken, Fonds und Versicherungen, setzen auf Immobilien im stabilen Deutschland, und ihr Geld strömt in den Bau von Büros, Wohnungen und Shoppingcentern. Auch Versorgungswerke und Pensionskassen sind gut dabei: Sie allein kauften 2013 für rund viereinhalb Milliarden Euro deutsche Gewerbeimmobilien, schätzt Helge Scheunemann von Jones Lang La Salle.[17] Die Altersvorsorge eines amerikanischen Arztes fließt auf diese Weise womöglich in ein Fachmarktzentrum im Gewerbegebiet von Rostock. Deutsche Lagerhallen haben es internationalen Firmen besonders angetan; so sagen Experten von CBRE, »fast die Hälfte des hierzulande 2013 in Umschlagzentren und Lagerhallen angelegten Kapitals kam von Geldgebern außerhalb Deutschlands«.[18] Von der deutschen Wirtschaft könnte man hingegen meinen, dass sie hierzulande wenig Grund hat, *mehr* zu *bauen*, weil sie nicht *mehr wachsen* kann, denn wir haben ja schon alles – vom Auto bis zum Zimmerbrunnen. Aber »zum Glück« gibt es die Globalisierung, weshalb der Volkswagen-Konzern im Jahr 2014 in China 3,68 Millionen Autos absetzen konnte, fast so viele wie in ganz Europa zusammen.[19] Aufgrund ihrer weltweiten Expansion bauen sich deutsche Firmen hierzulande neue Konzernzentralen, während ausländische Konzerne ihre Zweigstellen bei uns errichten. Gelegentlich erweitern deutsche Firmen sogar ihre heimischen Fabriken, doch meist läuft es anders: Geplant wird in Stuttgart, produziert in China.

Wohnungen für 1,5 Billionen Euro

Genau wie vor zwanzig Jahren leben auch heute gut achtzig Millionen Menschen in Deutschland.[20] Doch während dieser Zeit stieg die Zahl der Wohnungen von 35 auf 41 Millionen. Wir bauten genug neue Wohnungen, um darin sämtliche Niederländer unterzubringen, obwohl die Zahl der Einwohner hierzulande stagniert. Die 6 Millionen neuen Wohnungen bestehen aus knapp dreißig Millionen Räumen auf über achthundert Millionen Quadratmetern.[21] Selbst wenn man die Baukosten vorsichtig mit zweitausend Euro je Quadratmeter ansetzt, haben wir für anderthalb Billionen neu gebaut, nur weil wir uns auf mehr Platz ausbreiten. Dieses Geld könnte fünf Jahre lang den kompletten Bundeshaushalt finanzieren: sämtliche Bundeszuschüsse zur Rentenversicherung und zum Arbeitslosengeld II (Hartz IV), dazu alle Kosten für die Bundeswehr und die Rückzahlung der Kredite.

Doch warum bauen wir eigentlich so viel? Globale Trends befeuern die Bauwut. Banken und Bausparkassen verdienen gut an Baukrediten, und wenn die Wirtschaft schwächelt, hilft man nach. Dann werden Menschen Eigenheime aufgedrängt, die sich das eigentlich nicht leisten können. In Spanien haben Banken sogar Arbeitslose überredet, sich für den Bau eines Eigenheims zu verschulden. So boomte dort der Neubau, wie Thomas Urban rückblickend in der Süddeutschen Zeitung beschreibt: »Innerhalb von drei Jahren vervierfachte sich (…) das Gesamtvolumen an Immobilienkrediten, 2007 wurden in Spanien mehr Wohnungen gebaut als in Deutschland, Frankreich und Italien zusammen.«[22] Doch 2007 platzten die Immobilienblasen in Spanien und den USA, 2008 kippten Banken, und Staaten wankten. Haben wir daraus gelernt? Scheinbar nicht, denn 2015 boomt das Bauen erneut – wieder müssen Bauwillige in den USA nur fünf Prozent Eigenkapital mitbringen, ebenso in Großbritannien, wo der Staat für sie bürgt und damit einen Kredit ermöglicht;[23] und auch hierzulande will man gerade denjenigen das Bauen ermöglichen, bei denen das Geld gerade nicht reicht, den sogenannten Schwellenhaushalten. Amerikanische Firmen vergeben inzwischen in Deutschland Kredite für Hausbau ohne Eigenkapital.[24] Der Ursprung der Wirtschaftskrise scheint vergessen, weil die Sehnsucht nach dem selbst gebauten Eigenheim stärker ist.

Auch der deutsche Staat zahlt weiter kräftig fürs Bauen: Mit der *Wohnungsbauprämie* gibt er jährlich rund vierhundert Millionen Euro, vor allem an Bausparer.[25] Wer fürs Alter eine Wohnung baut, kann sich durch den *Wohnriester* fördern lassen, besser bekannt unter dem Namen »Eigenheimrente«: Viele Jahre lang muss dabei weniger Steuern zahlen, wer für den Hausbau spart. Weniger Steuern entrichtet dank der *Pendlerpauschale* auch, wer zu seinem neuen Haus im Grünen weit fährt.

Bauen wird gefordert und gefördert, weil es als sozial gilt. Dahinter verbirgt sich das historische Gedächtnis an die Wohnungsnot der Nachkriegszeit oder gar der Gründerzeit. In den Mietskasernen der Großstädte lebten um das Jahr 1900 Millionen Menschen in schmalen Höfen auf zu engem Raum. Aus dieser Bedrängnis verhieß die Gartenstadt-Bewegung einen Ausweg und ermöglichte es der aufstrebenden Mittelschicht, ein eigenes Haus zu bauen. Aus den Ruinen des Zweiten Weltkriegs wiederholte sich der Aufstieg durch Neubau: Wer während des Wirtschaftswunders der 1950er-Jahre in die massenhaft errichteten Häuserzeilen zog, sparte darauf, ins Eigenheim zu wechseln. Doch das zahlt sich nicht unbedingt aus.

Schlechte Bilanz beim Häuslebau

Viele Bauherren sehen anfangs nicht, worauf sie sich einlassen. Mancher Vertriebsprofi zeigt ihnen nur die Tabelle mit den ersten fünf Jahren von Kredit, Zinsen und Tilgung, wenn Zinssatz und Einkommen noch absehbar sind – was in den darauffolgenden fünfzehn bis zwanzig Jahren passieren kann, wird gerne verschwiegen. Die Werbung spiegelt Bauwilligen vor, Bauen sei auf jeden Fall günstiger als Mieten. Da heißt es dann, »für nur 800 Euro im Monat leisten Sie sich Ihr eigenes Haus«. Doch wer nur die monatliche Miete mit der monatlichen Zahlung an die Bank vergleicht, übersieht die versteckten Kosten des Bauens:

▶ Sobald die Zinsen steigen, erhöht sich die monatliche Belastung.

▶ Der wahre Kaufpreis eines Eigenheims entspricht nicht der Zahl, die neben den Bildern der Immobilienfirma steht, denn hinzu kommen Notarkosten, Geld für die Zufahrt, Steuern und Abgaben.

▶ Der Bauherr muss nun monatlich selbst zahlen, was vorher sein Vermieter übernahm, von der Grundsteuer bis zur »Deichabgabe« in Küstennähe. Reparaturen kosten schnell einen fünfstelligen Betrag, und nicht jeder denkt daran, solche Kosten auf die regelmäßige Belastung umzurechnen.

▶ Wer eine Wohnung in einem Mehrfamilienhaus kauft und mit der Verwaltung eine Firma beauftragt, muss diese bezahlen. Außerdem erlebt er vielleicht mit seinen benachbarten Eigentümern Überraschungen: Die Mehrheit der Eigentümer kann beschließen, die Fassade zu sanieren oder das Dach auszubauen, die Kosten dafür tragen die einzelnen Eigentümer, je nach Vertrag auch gegen deren Willen.

▶ Wer bei seinem Eigenheim nur die Kosten des Rohbaus bedenkt, vergisst womöglich die neue Küche, den Ausbau von Keller und Dach und den Schuppen im Garten.

Kurzum: Ein neues Haus verursacht Ausgaben, an die man, ohne zu bauen, nicht einmal gedacht hätte. Und das nicht zu knapp: Die meisten Menschen geben schon 200 Euro nicht ohne Zögern aus und denken erst recht bei 2.000 Euro gut nach. Wer ein Eigenheim baut, verschuldet sich jedoch durchschnittlich mit 200.000 Euro![26] Manche lassen dafür sogar ihre Kinder leiden und sagen ihnen, wegen der Baukredite könnten sie ihnen kein Studium finanzieren.

Viele Deutsche blenden das hohe Risiko aus, das mit den hohen Kosten des Hausbaus verbunden ist. Als besonders sicher gilt dabei das Bausparen. Allein im Jahr 2013 schlossen die deutschen Bausparkassen über drei Millionen neue Bausparverträge ab, mit einer Bausparsumme von über 100 Milliarden Euro. Insgesamt gibt es dreißig Millionen Verträge mit einer Bausparsumme von knapp 850 Milliarden Euro.[27] Je größer der Kredit, desto größer der Gewinn für die Finanzierer, also Bausparkassen, Versicherungen, Sparkassen und Banken. Darum drängt so mancher Kreditgeber die Bauwilligen dazu, größer und teurer zu bauen. Sie alle lieben Bausparer, weil die sich Jahrzehnte an die Institute binden und man ihnen so noch den einen oder anderen Kredit oder irgendeine neue Versicherung verkaufen kann. Selbst konservative Bausparkassen expandieren inzwischen weltweit und exportieren das deutsche Bausparkassen-Gesetz gleich mit: Schwäbisch Hall ist in Ungarn, Rumänien und China aktiv, bald vielleicht in Chile oder Vietnam.[28] Überall wird der Bau von Eigenheimen angeheizt, und überall hoffen die Häuslebauer, sie kauften damit ein Stück Sicherheit. Das aber ist nicht nur wegen der Kosten häufig ein Trugschluss, denn Immobilien machen immobil.

Zwar heißt es gerne, mit einem Haus sorge man fürs Alter vor. Aber was geschieht, wenn der alt gewordene Eigentümer die Treppen nicht mehr steigen kann? Dann muss er teuer umbauen. Nicht fürs Alter gemacht sind auch Häuser, die zu weit draußen liegen, weit weg von Arzt oder Apotheker. Älter werdende Menschen müssen unter Umständen gerade dann verkaufen, wenn sie das Geld besonders für die Jahre des Ruhestands benötigen, bei plötzlicher Krankheit sogar unter Zeitdruck. Das Eigenheim als Altersvorsorge ist keine gute Idee. Ein Haus lässt sich umso schlechter wieder verkaufen, je stadtferner es liegt. Wenn es ums Geld geht, sollte man eher in eine Wohnung in einer boomenden Großstadt investieren und nicht in seinen persönlichen Lebenstraum. Die persönliche Bilanz kann negativ sein, schreibt auch Angela Slavik in der Süddeutschen Zeitung unter dem Titel »Märchen von der Sicherheit«: Wer nicht immer am selben Ort und im selben persönlichen Umfeld lebe, sondern sich beruflich oder privat verändere, verliere durch die Immobilie an Vermögen.[29] Und auch für die Volkswirtschaft zahlt der Hausbau sich nicht aus: Das Eigenheim lässt sich nicht verschieben, es bindet die Menschen an einen Ort, die Mobilität sinkt. Darum betrachtet die Organisation für Wirtschaftliche Zusammenarbeit und Entwicklung (OECD) Wohneigentum tendenziell als Wachstumskiller.[30] Wo die Menschen besonders mobil sind, da entstehen mehr Arbeitsplätze. Immobile Menschen dagegen ziehen nicht dorthin, wo ihre Arbeitskraft gebraucht wird. Kurzum: je mehr Wohneigentum, desto schlechter für die Wirtschaft.

Eigenheim zwischen Illusion und Mythos

Trotz aller Nachteile: Wer nicht baut, wird in manchen Kreisen schief angesehen, und wer obendrein zur Miete wohnt, wird wegen seiner Abhängigkeit bemitleidet. Sich ein Haus zu bauen ist für viele ein Lebensziel. Die mythologische Aufladung des Bauens erkennt man schon an dem weihevollen Ton, in dem manch einer verkündet: »Wir bauen jetzt!« Dabei wird Bauen mit Neubauen gleichgesetzt und Eigentum mit Eigenheim. Doch der Hausbau mit Glücksgarantie ist eine Illusion, was schon mit der Lage anfängt: Das »Haus im Grünen« soll es im Idealfall sein, doch mit jedem neuen Haus bleibt weniger Grün übrig. Der Eigenheimer pendelt in die Stadt und schafft sich zusätzlichen Stress. »Das Vorortdasein«, schrieb schon 1965 Alexander Mitscherlich, »wird zu einer Belastung, weil man es nur nach erschöpfenden Fahrten in verstopften Straßen erreichen kann«, und er forderte: »Wir müssen lernen, darauf zu verzichten, durch Bauwerke unseren Status zu repräsentieren.«[31]

So stark der Traum vom Haus sein mag, so schnell ist er wieder vergessen: Sobald die Kinder groß sind, ziehen sie als junge Erwachsene in die Stadt, und sobald die Kinder ausgezogen sind, wollen auch die Eltern wieder zentraler wohnen. Eigentlich wollte scheinbar jeder in der Stadt bleiben, doch »für die anderen« (für die Kinder, die Mutter, die Oma …) zogen alle raus. Aber wenn die jungen Erwachsenen älter werden, beginnt der Kreislauf aufs Neue. Während neue Generationen mit vielen Idealen ihrer Eltern brechen, scheint sich der Mythos Eigenheim fortzupflanzen. Schon Studienanfänger tauschen sich darüber aus, mit welchem Holzimitat der Fußboden ausgelegt werden soll und mit welchen Mustern dann ihr Bad gekachelt sein wird, wenn der Traum vom eigenen Haus einmal in Erfüllung geht. Wenn es dann wirklich so weit ist, spart so mancher angesichts der großen Ausgaben, kauft nur die zweitschönste Küche und blickt schon beim Einzug neidisch zu den Nachbarn hinüber. Wer zudem in einer Gegend ein Haus baut, in der die Preise sinken, kann sich das Verkaufen nicht leisten. Gefangen im eigenen Haus, das belastet auch privat: Viele Ehen zerbrechen gerade dann, wenn der vermeintliche Traum vom eigenen Heim wahr wurde.

Der Kult des Neuen

Warum wird trotz all der Nachteile so viel gebaut? Die Antwort klingt banal: weil es so *einfach* ist! Alte Häuser muss man erst mal gründlich begutachten und dann darüber nachdenken, wie sie zu verbessern wären, während man beim Neubau munter drauflosplanen kann.

Am einfachsten ist es, wenn vorher am gleichen Ort nichts stand, denn ein Acker leistet keinen Widerstand. So bringt Bauen das Prometheus-Gefühl, alles neu aus dem Nichts zu erschaffen. Als Symbol für das Neue lieben Politiker den ersten *Spatenstich*, stattdessen bräuchten wir als Symbol für die Pflege des Alten den ersten *Spachtelstrich*. Anstatt ständig Neues zu beginnen, sollten wir öfter die »Kunst, nicht zu handeln« pflegen, schreibt Holm Friebe. Doch bisher wird selbst da ständig neu gebaut, wo es außer Aktionismus wirklich keinen Grund dafür gibt.

Schrumpfen schützt vor Bauen nicht

Der Aufschwung kam schon im 15. Jahrhundert ins Tal der Wupper: Damals begannen die Elberfelder und Barmer, Flachs entlang der Ufer zu bleichen, und dank des Garnprivilegs von 1527 durften sie das dreihundert Jahre lang als Einzige im nordrhein-westfälischen Raum. Im 19. Jahrhundert machten Textilfabriken die Familie Engels reich; ihren Sohn Friedrich erbarmte das Elend der Arbeiter, und so erfand er mit seinem Freund Karl den Marxismus. Vielleicht war es bereits der Höhepunkt ihres Aufschwungs, als die Städte Elberfeld und Barmen 1880 zusammen die sechstgrößte Stadt Deutschlands bildeten oder als sie 1901 die Schwebebahn über die Wupper bauten oder spätestens als sie sich 1929 zu Wuppertal verbanden. Die Einwohnerzahl kletterte zwar noch und überstieg Anfang der Sechzigerjahre 420.000, doch da hatte bereits der Abstieg der Textilindustrie begonnen, die nach Asien auswanderte. Fünfzig Jahre später ist Wuppertal höchstens noch dank seiner Rekordschulden bekannt, durch die Schließung des Schauspielhauses oder durch Künstler wie das Tanztheater von Pina Bausch, die den kaputten Charme der Stadt liebte. Heute wohnen dort nur noch 350.000 Menschen, und etwa dreizehntausend Wohnungen stehen leer.[32] Aber trotzdem benennt der Flächennutzungsplan dreiunddreißig neue Baugebiete für Wohnen auf über einer halben Million Quadratmetern (der Wuppertaler Zoo verfügt über gerade einmal halb so viel Fläche). Tatsächlich entstanden innerhalb von sechs Jahren rund 1.200 Ein- und Zweifamilienhäuser.[33] Und auch bei Büros herrscht das gleiche trostlose Bild: Circa 100.000 Quadratmeter stehen in Wuppertal leer, trotzdem stieg die Bürofläche innerhalb von zwei Jahren um 33.000 Quadratmeter.[34]

Selbst in schrumpfenden Städten wird neu gebaut. Das sieht man im Westen Deutschlands (wie in Wuppertal) und im Osten noch viel deutlicher, weil dort die Schrumpfung rasanter verläuft, zum Beispiel in Cottbus: Die Stadt hat seit 1991 rund 45.000 Einwohner verloren und liegt nur durch Eingemeindungen bei rund 100.000 Bewohnern. Um den Leerstand zu mindern, wurden dort im ersten Jahrzehnt des neuen Jahrtausends neuntausend Wohnungen abgerissen.[35] Wurde darum auf das Bauen verzichtet? Mitnichten: Im gleichen Zeitraum wurden dort über tausend Wohnungen neu gebaut![36] Gebaut wird überall: In Boomstädten baut man Wohnungen und Büros für Zuzügler, in Schrumpfregionen versucht man, wegziehende Menschen mit neuen Häusern zum Bleiben zu bewegen.

Zuzug hier ist Wegzug dort

Die ungleiche Entwicklung innerhalb Deutschlands treibt den Neubau an. Ein Hauptproblem ist der rasante Zuzug in »Schwarmstädte«; so nennt Reiner Braun in einer Studie des Empirica-Instituts Städte mit einem überdurchschnittlichen Anteil junger Leute zwischen zwanzig und fünfunddreißig Jahren.[37] Im Jahr 2000 wohnten ihm zufolge »erst fünf Prozent der jungen Erwachsenen in Schwarmstädten, (...) im Jahr 2011 waren es schon 25 Prozent!« Ein größerer Anteil dieser Jahrgänge verlässt seine Heimat, hinterlässt schrumpfende Städte und versammelt sich dann in vermeintlich attraktiven Bezirken einiger Großstädte, etwa in München-Haidhausen, Hamburg-St. Pauli und Berlin-Friedrichshain.

Wenn Menschen in die Schwarmstädte ziehen, lassen sie leere Wohnungen in sich leerenden Dörfern zurück. Wenn dort dann trotzdem neu gebaut wird, dann erhöht das »den ohnehin schon hohen Leerstand«, schreibt Reiner Braun. Doch auch jeder zusätzliche Wohnungsbau in den Wachstumsstädten erhöhte bis 2012 den Leerstand in den Schrumpfungsregionen; erst seitdem wird dies in den begehrtesten Städten durch Zuzüge aus dem Ausland überdeckt. Verkürzt formuliert, lautet die zentrale Aussage der Studie: Egal, wo gebaut wird, Neubau verursacht Leerstand.

Um die gleichwertigen Lebensverhältnisse zu erreichen, von denen unser Grundgesetz spricht, muss man nicht überall gleich viel Beton vergießen. Durch das Schrumpfen gleichen unsere Stadtregionen ohnehin immer mehr einem Flickenteppich, beschreibt der Raumplaner Stefan Siedentop,[38] und Neubau am Stadtrand fügt dem weitere Flicken hinzu. Eigentlich gibt es in den schrumpfenden Gegenden zu viele Häuser, doch Politiker weisen jetzt erst recht neue Wohn- und Gewerbegebiete aus – mehr bauen für weniger Menschen.

Landauf, landab buhlen die Städte um neue Bürger. »Die Angst vor Einwohnerschwund macht Kommunen spendabel«, schreibt die Journalistin Christine Ryll in der Immobilien Zeitung: »Billiges Bauland, Zuschüsse, Babybetreuung – viele werben um Köpfe, allen voran um Familien mit Kindern auf der Suche nach den eigenen vier Wänden.«[39] So listet die Lobbygruppe »Aktion pro Eigenheim« auf ihrer Website siebenhundert kommunale Förderprogramme auf. Viele Gemeinden wollen den Nachbarorten die Bürger abwerben und weisen darum neue Baugebiete aus, verkaufen die Grundstücke unter Wert und bieten den Bauwilligen günstige Kredite an. Sie hoffen, durch mehr Einwohner mehr Steuern einzunehmen. Das aber ist wohl ein Irrglaube, ist weiter zu lesen, weil niemand genau berechnen könne, ob oder wie viel ein neuer Bürger auf Dauer an Geld bringt: *Mehr* Einwohner zahlen zwar *mehr* Steuern, aber dafür erhält der Ort in den folgenden Jahren *weniger* Geld vom Land. Wenn man die Kosten des neuen Baugebietes berücksichtigt, zahlt so manche Gemeinde drauf.

Bislang erscheint das Bauen unberührbar. Es gibt nur einen Weg, die Bauwut zu stoppen: das Bauen verbieten. Und zwar überall, in Schrumpfstädten und Boomregionen, vor der Stadt und in der Stadt. Bisher hielten viele es für vorbildlich, die Zersiedelung zu stoppen und nicht mehr am Stadtrand zu bauen, sondern mittendrin, unter dem Motto »Innen verdichten statt außen versiegeln«. Das hört sich einleuchtend an, doch es gibt leider kein *anstatt*, sondern ein *überall*. Zwar werden inzwischen die ehemaligen Fabrikgelände in unseren Städten neu genutzt, aber nicht als Ersatz für den Stadtrand, sondern zusätzlich. Gehen wir darum weiter – und stoppen das Bauen außerhalb und innerhalb der Städte!

Scheinbar
ökologisches Bauen

Der Kran hebt die Wand langsam an, sie löst sich vom Laster, steigt höher. Robert Meister schaut aufgeregt zu, wie die komplette Außenwand des neuen Hauses hin- und herschwingt, um dann langsam herabzusinken. Als erfahrener Architekt könnte er gelassen sein, doch dies ist ein besonderes Haus: sein eigenes, das er erträumt und entworfen hat, das er durchgesetzt hat gegen anfängliche Zweifel seiner Frau, die lieber in der alten Wohnung in der Stadt bleiben wollte. Robert Meister konnte sie davon überzeugen, in ein Haus ganz nach ihren Wünschen zu ziehen, das sie mit gutem Gewissen bauen, weil es fast keine Energie verbraucht.

Er sagt zu seinem Sohn: »Bei eurem Energiewettbewerb kannst du den ersten Preis reservieren«, denn in dessen Unterricht messen sie ein halbes Jahr lang, wie sich der Energieverbrauch der Familien aller Schüler entwickelt.

Sechs Monate später sieht Robert Meister geschockt die Klimabilanz des Schulwettbewerbs: Die Familie verbraucht mehr Energie als vorher. Natürlich sparen sie Heizenergie, doch weil sie nun im Vorort wohnen, fahren alle drei lange Wege – Robert Meister und seine Frau zu ihren Büros, der Sohn zur Schule und zu Freunden. Darum kauften sie sogar ein zweites Auto. Unterm Strich hat sich die Ökobilanz der Familie verschlechtert. Architekt Meister denkt an seinen damaligen Blick auf den Stadtplan, als er den abgelegenen Ort für das Haus sah und alle Überlegungen an die Entfernung beiseiteschob, weil dieses Grundstück so wenig kostete. Er denkt an seinen Traum, das ökologisch beste Haus zu bauen. Und gesteht sich ein, dass er einen großen Fehler gemacht hat.

Das angebliche Ökohaus

So wie in dieser erdachten Geschichte träumen viele davon, mit gutem Gewissen neu zu bauen. Niedrigenergiehaus, Effizienzhaus, Passivhaus lauten die Namen der angeblich so klimafreundlichen Häuser, die dem Klima aber aus drei Gründen schaden: Verkehr, Fläche und Energie.

Erstens baut man neue Häuser meist am Stadtrand, weshalb die Wege länger werden und weniger Busse fahren. Die Umwelt wird belastet, aber auch die Umzügler kommt die Flucht ins Eigenheim womöglich teuer zu stehen – wie hoch die »Wohn- und Mobilitätskosten« wirklich sind, berechnet in Hamburg und München ein Online-»Womo-Rechner«.[40]

Zweitens brauchen diese angeblichen Ökohäuser Platz; drastisch zu sehen ist das beim sogenannten Effizienzhaus-Plus, das die Bundeskanzlerin Angela Merkel und der Bundesbauminister 2011 eröffneten. Dieses Musterhaus steht mitten in Berlin, nah am Bahnhof Zoo, wo sich die Berliner Bank und die Industrie- und Handelskammer zehn Geschosse in die Höhe recken. Ein paar Schritte weiter steht wie surreal ein zweistöckiges Einfamilienhaus mit gut 130 Quadratmetern Wohnfläche. Dank seiner Ökotechnik kostet es über zwei Millionen Euro,[41] doch sein Architekt Werner Sobek sagt: »Nachhaltiges Bauen darf nichts mit Entsagung zu tun haben!«[42] Würden alle Berliner in 130-Quadratmeter-Einfamilienhäusern mit entsprechenden Abstandsflächen drum herum wohnen, dann reichte der Großraum Berlin bis an die Ostsee. So ein »Ökohaus« kann nicht ökologisch sein.

Drittens schaden die vermeintlich ökologischen Häuser dem Klima wegen der für den Bau benötigten Energie: Ihre Baustoffe wurden abgebaut oder hergestellt, dann zur Baustelle transportiert und dort verbaut. All die dafür erforderliche »graue Energie« ist in Form der Steine und Materialien im Haus gespeichert. »Neubauten sparen niemals Energie«, schrieb darum schon 1995 der Architekt Günther Moewes in seiner Streitschrift »Weder Hütten noch Paläste«.

Es gibt die angeblichen Ökohäuser in allen Preisklassen: Das beginnt mit der »öko-villa 122«, die laut Website des Herstellers für 144.499 Euro zu haben war,[43] und endet bei der Ökovilla in Florida für gut zwanzig Millionen US-Dollar.[44] Letztere bietet auf 1.400 Quadratmetern Aquarien, Swimmingpools und einen Indoor-Wasserfall mit acht Meter Höhe. »Öko« sei diese Villa übrigens, weil sie unter anderem einen Teil des Stroms aus Sonnenenergie gewinne.

Mit anderen Worten: Ist alles »öko«, kann die Party einfach weitergehen. Bei »grünem« Konsum versprechen Hersteller Genuss ohne Reue. Doch wer ins Ökohaus zieht, konsumiert dann vielleicht sogar besonders viel. So macht der Umweltökonom Niko Paech auf den »psychologischen Rebound-Effekt« aufmerksam: Als moralischen Ausgleich für das scheinbar ökologische Verhalten gönnt man sich an anderer Stelle »etwas Besonderes«, etwa als bionadetrinkender Vielflieger oder eben als konsumfreudiger Passivhausbewohner.[45] Diese Form des »Bumerangeffekts«, wie ihn Ernst Ulrich von Weizsäcker nennt, unterwandert jeden ökologischen Fortschritt – mancher Effizienzgewinn in der Wirtschaft spart unterm Strich nichts ein, sondern führt sogar zu *mehr* Wachstum und *mehr* Energieverbrauch. Effizientere Produktion senkt die Preise und erlaubt dadurch mehr Konsum. Wie gut gemeint der Versuch auch sein mag, sinnvoll zu konsumieren, letztlich ruiniert der westliche Lebensstil die Welt: Fleisch essen, Auto fahren – und Häuser bauen.

Ideale als Irrweg: Ökostadt und Idealstadt

In Masdar City bei Abu Dhabi steht die Sonne nahezu senkrecht am Himmel und heizt den Wüstensand auf. Im flirrenden Licht erkennt man Häuser; um sie herum drehen sich Kräne und bauen an der »nachhaltigen Stadt der Zukunft«. Dicht an dicht wachsen die Häuser in die Höhe, so nah beieinander, dass sie sich gegenseitig Schatten spenden. Obwohl völlig neu geplant, orientiert sich Masdar an traditionellen Städten mit engen Gassen. Nach regionalem Vorbild saugen Windtürme wie Kamine die heiße Luft an und führen sie nach oben ab. Mit Masdar City erreicht »nachhaltiges Bauen« eine neue Dimension: Rund vierzehn Milliarden Euro werden investiert.[46] Seit dem Jahr 2006 wird gebaut, und wenn es nach Plan läuft, leben dort im Jahr 2025 rund 40.000 Menschen. Die Ökostadt Masdar City soll dank fortschrittlicher Technologie klimaneutral werden. Doch schon die Nachbarschaft des ökologischen Modells befremdet: Autobahnen, ein Golfplatz und zweitausend Meter entfernt der Flughafen.

Das Ingenieurbüro Transsolar hat sich für Masdar angesehen, wie die arabische Architektur funktioniert, wann wo die Sonne steht, woher der Wind weht und wie sich Tiere und Pflanzen an das Klima anpassen.[47] Und doch geht manches schief: Der Flughafen verhindert den Bau der ursprünglich geplanten Windräder, für die allerdings ohnehin zu wenig Wind weht; in der autofrei geplanten Stadt bekommen Mitarbeiter günstige Kredite für Neuwagen; Dächer verschatten teilweise die eigenen Sonnenkollektoren.[48] Die Ökostadt Masdar City leidet unter Planungsfehlern – und unter Größenwahn.

Der Architekt Norman Foster entwarf die Modellstadt Masdar. Er engagiert sich seit Langem für umweltschonendes Bauen, zum Beispiel beim 1997 fertiggestellten Hochhaus der Commerzbank in Frankfurt am Main: Dort lassen sich selbst im fünfzigsten Stock die Fenster öffnen und die Räume natürlich belüften. Auf neuen Öko-Hochhäusern wachsen Bäume oder sogar ein kleiner Wald mit neunhundert Bäumen wie auf den zwei Wohntürmen des »Bosco Verticale« in Mailand.

Bislang prägten Stahl und Glas der glitzernden Türme von Banken und Konzernen unsere Städte, zukünftig sollen an den Fassaden begrünter Hochhäuser Pflanzen entlangklettern und als hängende Gärten das Klima verbessern. Vermutlich aber verklären die grünen Bilder und Fassaden nur scheinheilig unsere althergebrachten Hochhäuser, sie begrünen im wahrsten Wortsinn unser bisheriges Wirtschaftsmodell und dessen Symbole der Macht, ohne wirklich etwas zu ändern.

Viele Visionen einer ökologischen Zukunft zeugen vom ungebrochenen Glauben an die Technik, an fahrerlose Elektromobile und sprechende Kühlschränke. Man könnte darüber milde lächeln, wenn es nicht knappe Energie verbrauchte, auch geistige und finanzielle. Millionen fließen in die Entwicklung von Elektroautos, die *vielleicht* eines Tages aus erneuerbarer Energie gespeist werden, anstatt heute *zweifellos* umweltfreundliches Fahrradfahren zu fördern. Milliarden werden im arabischen Wüstensand verbaut – anstatt dort die Umwelt zu verbessern, wo bereits Menschen leben. Schauen wir daher zu einer bodenständigeren »Ökostadt« als dem schillernden Masdar, nämlich nach Hannover.

Nachhaltigkeit bizarr

Offenbar kann man heute alles mit dem Begriff der Nachhaltigkeit anpreisen, selbst die gigantischsten Hochhäuser, etwa den 380 Meter hohen »Bionic Arch« in Taiwan vom Architekten Vincent Callebaut, der höher ist als der Berliner Fernsehturm. »Höher, Schöner, Grüner«, titelte dazu National Geographic Deutschland und schreibt, dieser Wolkenkratzer werde »zu 100 Prozent energieautark, bei null CO_2-Emission«.[49] Doch ohne Energieaufwand lässt sich wohl kaum ein 380 Meter hohes Haus bauen.

Sogar Ernst Ulrich von Weizsäcker wird von der Technik eines Öko-Hochhauses getäuscht und nennt in seinem Buch »Faktor Fünf – Die Formel für nachhaltiges Wachstum« den Pearl River Tower im chinesischen Guangzhou als Vorbild, womöglich sei dies der erste »Nullenergie-Wolkenkratzer« der Welt: ein über dreihundert Meter hoher Bau aus Stahl, Beton, Glas und Aluminium mit über 200.000 Quadratmeter Bürofläche.[50]

Die Stadt Singapur, heißt es, wolle bis 2030 insgesamt fünfzig Hektar Gartenfläche schaffen, und zwar auf Dächern, Balkonen und an Fassaden.[51] Damit entstünde auf den Häusern Singapurs so viel Grün wie im Botanischen Garten Berlin.

Von solch grünen Hochhäusern ist es nicht mehr weit bis zur »vertikalen Landwirtschaft«. Bei der sollen entweder die Bewohner zu modernen Ökobauern werden, die sich auf den Feldern des dreißigsten Stockwerks selbst versorgen, oder es entstehen reine Gewächs-Hochhäuser für Obst und Gemüse, Hunderte Meter hohe Stapelwälder und Hochhausfarmen – alles natürlich garantiert »nachhaltig«.

Die Unwirtlichkeit der Ökostädte

Der »zero:e park« in Hannover rühmt sich als Europas größte Null-Emissions-Siedlung.[52] Doch hinter dem Titel »Klimaschutzsiedlung« verbirgt sich ein Grundstück für dreihundert Reihen-, Doppel- und Einfamilienhäuser, die als Passivhäuser gebaut werden. Hannovers Website zeigte sogar das Rübenfeld und das Kornfeld, die dafür verschwinden mussten. Die Ökosiedlung liegt fast exakt am südlichen Stadtrand und zwingt ihre Bewohner, längere Wege zurückzulegen. Das ist die Zersiedlung der Städte im ökologischen Gewand: Als reines Wohnviertel führt es die Trennung unserer Städte nach Funktionen fort, ganz nach der verhängnisvollen Charta von Athen, seit 1929 das Leitbild der Architekten und Städtebauer. Reine Wohnsiedlungen und öde Büroviertel, diese Trennung beklagte bereits Mitte der 1960er-Jahre Alexander Mitscherlich in seinem Buch über die »Unwirtlichkeit der Städte«.

Auf leerer Fläche – der *tabula rasa* –, aus dem Nichts eine Stadt zu gestalten ist der klassische Architektentraum; er wirkt zugleich kindlich und wahnwitzig. Architekten haben die »unstillbare Neigung, immer wieder von vorn anzufangen«, schreibt Robert Kaltenbrunner über nachhaltige Architektur, und er fährt fort: »Der zukunftsträchtige Umgang mit dem, was (…) vorhanden ist, war bei den großen Visionen nie sonderlich beliebt.«[53] Früher bauten sich die Herrscher Idealstädte mit geometrischem Grundriss, in deren Zentrum sich unweigerlich das fürstliche Schloss befand. Im 20. Jahrhundert standen neue Städte für Menschenmassen auf dem Programm; so wollte der Architekt Le Corbusier das historische Stadtzentrum von Paris entsorgen und durch eine Kolonne von Hochhäusern ersetzen. Heute plant man neue Städte unter dem Vorwand der Ökologie, häufig in autoritären Staaten wie China und am Arabischen Golf. Nehmen wir Abschied von den Visionen komplett neu zu bauender Städte, und wandeln wir stattdessen unsere vorhandenen Städte: Nicht die Idealstadt ist das Ziel, sondern der ideale Stadtwandel.

Etikettenschwindel mit Siegel

Woran orientieren wir uns, wenn sich selbst »Ökohäuser« als klimaschädlich erweisen? Ein Ökosiegel für das Bauen sollte uns weiterhelfen! Internationale Siegel – wie das britische BREEAM oder LEED aus den USA – gibt es schon länger. Doch die deutschen Planer und Techniker wollten es besser machen und gründeten dafür 2007 die Deutsche Gesellschaft für Nachhaltiges Bauen (DGNB), einen gemeinnützigen Verein mit heute über tausend Mitgliedern, darunter Architekten und Ingenieure, Institute von Hochschulen, Immobilienfirmen und Vertreter der Baustoffindustrie. Wenn wir aber nachschauen, welche Gebäude bereits ein DGNB-Zertifikat oder Vorzertifikat erhalten haben, dann sehen wir unter anderem: das Büro- und Verwaltungshaus Der Dornhof Gebäude G2 in Neu-Isenburg im Gewerbegebiet neben dem Frankfurter Flughafen, das Shoppingcenter Ernst-August-Galerie in Hannover, den Wohnpark meinraum in München – und damit Bauten, die nur einem einzigen Zweck dienen und so die Trennung unserer Städte in Arbeiten, Wohnen und Einkaufen verstärken.[54]

Da dies lange Fahrten verursacht, können diese Häuser nicht »ökologisch« sein, warum also schneiden sie so gut ab? Laut DGNB gehören zum nachhaltigen Bauen eine Ökobilanz, aber auch die »ökonomische Qualität« sowie die »soziokulturelle und funktionale Qualität«. Rund vierzig Kriterien gibt es da und zu jedem Kriterium weitere Fragen, Details und Unterkriterien. Da wird dann auch der »visuelle Komfort« eines Gebäudes geprüft, das heißt, ob es in einem Haus »angenehmes Licht« gibt. Das ist sicher wichtig, aber den Planern geriet das Wesentliche außer Acht. Sie wollten mit deutscher Gründlichkeit alles erfassen und stellten ein Kriterium nach dem anderen auf, darunter zwar auch die Lage eines Gebäudes und die Verkehrsanbindung – aber eben nur als zwei von vierzig Punkten. Wenn also ein Bürohaus am Ende der Welt in einem Büropark entsteht, dann kann der Bauherr die schlechte Lage durch andere Kriterien ausgleichen, etwa durch guten Brandschutz, Kunst am Bau oder »visuellen Komfort«.

Stattdessen müsste es hier um alles oder nichts gehen: Die Lage eines Gebäudes sollte ein K.-o.-Kriterium sein, denn abseits der Städte sind Neubauten nicht nachhaltig, sondern nur nachhaltig schädlich. Die Mischung von Arbeiten, Wohnen und Einkaufen muss ebenfalls ein wesentliches Kriterium sein und bei Nichteinhaltung zum K. o. führen. Wenn man überhaupt Siegel für Neubauten vergeben möchte, dann müsste man die schlimmsten Fälle konsequent aussortieren. Doch mit so viel Konsequenz würde sich die DGNB selbst das Geschäft verderben, denn sie konkurriert mit BREEAM und LEED um das Geld der Bauherren. Die zahlen für ein Ökosiegel je nach Größe des Gebäudes bis zu einige zehntausend Euro.

Gar keine Rolle spielt es bei der Bewertung, wer das Haus bezieht, und so erhielt ausgerechnet der Mineralölkonzern Total mit seiner neuen Zentrale in Berlin ein »DGNB-Siegel Silber«. Der Neubau reckt sich obendrein siebzehn Stockwerke hoch und wirft die Frage auf, ob ein Hochhaus überhaupt Vorbild sein kann. Einiges spricht dagegen: Je höher ein Haus, desto mehr Fläche geht für Aufzüge verloren, desto heftigerer Wind weht um es herum und desto längere Schatten wirft es auf seine Nachbarn. Doch auch solche Folgen werden durch andere DGNB-Kriterien überdeckt.

Staatlich besiegelt:
Das ineffiziente Effizienzhaus

Erinnern wir uns an den Architekten Robert Meister, der ein vermeintliches Ökohaus baute und dessen Ökobilanz sich trotzdem verschlechterte. Er hätte für den Bau ein DGNB-Siegel bekommen können. Und weil er so energiesparend baut, hätte ihm obendrein die staatliche KfW einen besonders günstigen Kredit gegeben. Als »Kreditanstalt für Wiederaufbau« nach dem Zweiten Weltkrieg gegründet, fördert die KfW heute unter anderem effizientes Bauen und verleiht damit eine Art Gütesiegel: Das KfW-Effizienzhaus 70 verbraucht zum Beispiel nur siebzig Prozent dessen, was bei neuen Häusern erlaubt ist. Wessen Haus noch weniger Energie benötigt, der muss bis zu ein Zehntel seines Kredits nicht zurückzahlen. Die Umwelt profitiert in jedem Fall, könnte man meinen. Doch ähnlich wie bei den DGNB-Siegeln fördert die KfW Neubau auch, wenn jemand hinterher mehr CO_2 ausstößt als vorher! Sie fördert ineffiziente Effizienzhäuser, weil sie nicht prüft, wo ein Haus gebaut wird. Für die Förderung ist es ebenfalls einerlei, *womit* gebaut wird, ob der Bauherr mit natürlichen Holzfasern dämmt oder aus Erdöl erzeugte Plastikdämmung nutzt.

Kurzum: Wir können uns auf die Ökosiegel nicht verlassen. LEED und DGNB mit ihren Bewertungen, Tabellen und Kriterien sind ein Ausdruck der Zahlengläubigkeit unserer Gesellschaft, sagt der Architekt Hans-Joachim Ewert, über den wir später noch einiges hören werden. Der wissenschaftliche Charakter dieser Zertifikate trete an die Stelle des gesunden Menschenverstands.

Früher haben lokale Baumeister und Handwerker auch ohne Siegel nachhaltig gebaut. Sie suchten aus ihrer Erfahrung heraus einen idealen Bauplatz für ein Haus, zum Beispiel windgeschützt, und orientierten es ganz selbstverständlich nach der Sonne, öffneten es mit großen Fenstern zum Süden und schlossen es gen Norden. Aus regionalen Materialien wie Ziegel und Holz bauten sie dann Häuser, die Jahrhunderte halten – das war nachhaltig ganz ohne Siegel.

Städte mit Ökosiegel

Auch ganze Stadtviertel erhalten seit 2011 DGNB-Ökosiegel; eines der Ersten bekam ausgerechnet das Daimler-Areal am Potsdamer Platz in Berlin. Seine Büros und Läden machen es vielleicht zum Vorbild für kommerziellen Städtebau, aber mit gerade mal zwanzig Prozent Wohnungen steht es nicht für Nachhaltigkeit.

Ein Ökosiegel für eine Stadt verleiht eine EU-Jury: das Prädikat »European Green City«. Sie kürte Hamburg zur »Europäischen Umwelthauptstadt 2011«, für 2014 bewarb sich Frankfurt am Main.[55] Haben die beiden Städte den Titel als Umwelthauptstadt verdient? Nehmen wir Hamburg: 2015 wurde dort ein neues Kohlekraftwerk gebaut, drei Atomkraftwerke stehen schon da. Hamburg ist eine »Stadt der Autofahrer«, heißt es in einer Studie des Weltwirtschaftsinstituts: Mit 43 Prozent liegt der Anteil von Autos (und Motorrädern) höher als in Berlin oder München, der Anteil der Radfahrer niedriger.[56] Sieht so eine Umwelthauptstadt aus? Die Bewerbung von Frankfurt am Main verwundert noch mehr. Wohl kaum eine andere Region in Deutschland ist derart zersiedelt wie das Rhein-Main-Gebiet. Frankfurt hat den höchsten Pendleranteil; etwa jeder Zweite, der hier arbeitet, wohnt außerhalb der Stadtgrenze. Trotzdem gehörte die Stadt unter achtzehn Bewerbern zu den drei Finalisten des EU-Wettbewerbs und unterlag erst zuletzt Kopenhagen. Der Titel einer »Europäischen grünen Hauptstadt« klärt uns nicht wirklich darüber auf, wie man am besten baut und wohnt.

Mit Titeln und Ökosiegeln verhält es sich wie mit der Politik: Offiziell vertreten Deutschland und die Europäische Union wohlklingende Ziele. So einigten sich die EU-Länder im Jahr 2007 auf die »Leipzig-Charta zur nachhaltigen europäischen Stadt« und schrieben, eine »Zersiedlung des städtischen Umlandes« müsse verhindert werden.[57] Als besonders nachhaltig habe sich »das Konzept der Mischung von Wohnen, Arbeiten, Bildung, Versorgung und Freizeitgestaltung in den Stadtquartieren erwiesen«. Um es mit einem letzten offiziellen Zitat zu sagen: »Der Grundsatz einer nachhaltigen Stadtentwicklung bestimmt dabei die Städtebaupolitik in Deutschland.«[58] So steht es auf dem Papier. Im wahren Leben jedoch wird weiter ungebremst gebaut, und es werden täglich siebzig Hektar Boden verbraucht – als würde man jeden Tag ein Shoppingcenter fast so groß wie das Centro Oberhausen neu bauen.[59]

Bauen ist unsozial

Hamburg Hafen-City, ein Sonntag im Jahr 2020: Heute schonen die Hansens die Umwelt und gehen zu Fuß ins Konzert. Im sechsten Stock des Marco-Polo-Towers wirft Frau Hansen noch einen Blick aus ihrem Drei-Zimmer-Appartement mit 118 Quadratmetern, das sie im Jahr 2015 für eine Million Euro erwarben.[60] Südlich der Elbe neigt sich die Sonne über dem ärmeren Stadtviertel Wilhelmsburg, wo Frau Hansens Eltern einst lebten. Sie denkt an das alte Haus, das schon lange leersteht und verfällt. Zum Glück liegt das hinter ihr! Frau Hansen reißt sich los; rasch in den Aufzug und runter ins Erdgeschoss zum Concierge, der im Auftrag von Herrn Hansen ein Gläschen Champagner bereithält. Gekauft wurde er im benachbarten Shoppingcenter des Überseequartiers, wo auf 75.000 Quadratmetern jährlich über dreihundert Millionen Euro umgesetzt werden – die anderen Hamburger Händlern nun fehlen. Jetzt aber los zur Elbphilharmonie. »Mit jeder Eintrittskarte«, sagt Herr Hansen, »widerlegen wir die bösen Zungen, die sagen, dass sich die 789 Millionen Euro der Stadt Hamburg nicht lohnten. Für uns lohnen sie sich ganz bestimmt.«

Hysterie um Wohnungsnot

Deutschland hat eine neue Wohnungsnot – 825.000 Mietwohnungen müssten innerhalb von fünf Jahren neu gebaut werden. Mit anderen Worten: Wir sollten eine Stadt so groß wie München noch einmal neu bauen. So dramatisch steht es jedenfalls in zwei Studien von 2012, welche die sogenannte Kampagne »Impulse für den Wohnungsbau« erstellen ließ, eine Allianz von Lobbyisten des Neubaus mit der Industriegewerkschaft Bauen, dem Deutschen Mieterbund, Verbänden des Baugewerbes und der Wohnungsunternehmen.[61] Es klingt fast, als lebten Millionen Menschen in Notunterkünften oder auf der Straße. Obwohl die Neubauzahlen seit 2009 steigen, fordern die Lobbyisten, es müsse *noch mehr* gebaut werden, und so geht es weiter, Jahr für Jahr. Den Verbänden ist es nie genug.

Doch auch über die Bauverbände hinaus ist diese Meinung weit verbreitet. Selbst wer dem Bauen kritisch gegenübersteht, kommt angesichts steigender Mieten in teuren Städten ins Zweifeln. »Wir vergessen aber zu schnell«, erinnert uns der Stadtplaner Harald Bodenschatz, »dass der Bedarf an Wohnungen sehr von der Wirtschaftslage abhängt: Wenn die nächste Wirtschaftskrise kommt und die Einkommen sinken, dann kollabiert auch der Bedarf an Wohnungen.«[62] Selbst wenn mancherorts Wohnungen fehlen mögen, ist fraglich, ob der aktuelle Neubau helfen kann. Im Zweifel mangelt es an *bezahlbarem* Wohnraum, doch gebaut werden vor allem *teure* Wohnungen.

Hysterie um teures Wohnen

Im Frühjahr 2012 ertönte der Alarm: Dem Internetportal Immowelt zufolge stiegen die Kaufpreise für Wohnungen in deutschen Städten ab 2006 innerhalb von fünf Jahren um bis zu 25 Prozent.[63]

Das machte Schlagzeilen in den Lokalzeitungen der Städte mit dem größten Anstieg, aber auch die überregionale Süddeutsche Zeitung füllte damit fast eine ganze Seite.[64] In fetten roten Zahlen setzte sie die dramatischsten Steigerungen neben die Städtenamen: »+18« für Berlin, »+22« in Hamburg, »+25« und »+26« für Oldenburg und Trier. Doch in der Grafik fehlte etwas: die »−25« für Wuppertal, die »−30« für Salzgitter und sogar »−35« für Krefeld. Das Portal hatte nämlich eine ganze Reihe von Orten ermittelt, in denen die Kaufpreise *gesunken* waren, mit 47 von 80 waren diese Städte sogar in der Mehrzahl. Aber steigende Preise sind spektakulärer als sinkende.

Um die Lage zu bewerten, wäre es hilfreich gewesen zu sagen, auf welchem Niveau sich die Preise bewegen. Zweifellos schmerzt es, wenn in der ohnehin teuren Stadt München die Kaufpreise von Wohnungen um weitere fünfzehn Prozent stiegen und damit fast 4.000 Euro je Quadratmeter erreichten. Der Anstieg in anderen Städten wirkt jedoch weit weniger dramatisch, wenn man deren Preisniveau anschaut: In Oldenburg lagen die Preise nach der 25-prozentigen Steigerung bei 1.700 Euro je Quadratmeter, in Trier und Berlin bei rund 2.000 Euro. Solche Kaufpreise rechtfertigen keine Hysterie.

Auch bei steigenden Mieten schlagen die Medien schnell Alarm, vor allem in der Mieterstadt Berlin. Fachleute beurteilen das zuweilen entspannter. Markus Gruhn, Vorsitzender des Rings Deutscher Makler in Berlin, sagte 2014: »Die Mietendebatte ist hysterisch. Selbst Städte wie Erlangen und Münster haben ein höheres Mietniveau als Berlin. Die Mieten sind hier zwar in den letzten Jahren gestiegen, aber davor lange Zeit nicht. Berlin besteht nicht nur aus Prenzlauer Berg, Mitte und den Nebenstraßen des Kurfürstendamms, sondern wir haben noch Bezirke, wo man günstig mieten kann. In Reinickendorf, Spandau, Hellersdorf, Marzahn und in den meisten Teilen von Neukölln und Wedding haben Sie eine gute Auswahl.«[65] Doch derlei wird von Neubaubefürwortern gerne ignoriert; man verweist auf steigende Mieten und leitet daraus die Notwendigkeit ab, mehr zu bauen, auch weil dies angeblich sozial sei. Tatsächlich aber hat soziale Gerechtigkeit eher damit zu tun, wer in welchem Stadtviertel wohnt.

Zuzugssperre für Reiche

Wenn Besserverdiener in beliebte Gründerzeitviertel ziehen, bereichern sie dann die soziale Mischung, wenn es ihresgleichen dort bislang nicht gab? Und wie verändert sich das Viertel, wenn Besserverdienende nicht nur zu-, sondern finanziell weniger gut gestellte Menschen wegziehen, und zwar meist in äußere Stadtviertel?

Der Soziologe Andrej Holm kritisiert, dass die Sanierung heruntergekommener Häuser gefördert wird; mancher bezeichne dies als »öffentliche Anschubfinanzierung von Gentrification«.[66] Einen ähnlichen Effekt hätten jedoch auch Neubauten, die zwar keine bisherigen Bewohner vertrieben, aber die Umgebung aufwerteten, was benachbarte Eigentümer dazu veranlasste, die Mieten anzuheben. Diese Kettenreaktion macht den sogenannten Sickereffekt zunichte, mit dem Neubau häufig verteidigt wird: Neubauten seien teuer, doch wenn gut Verdienende dort einzögen, machten sie andernorts Platz für weniger Verdienende. Stattdessen scheint es so, als würden in aufstrebenden Stadtvierteln ärmere einfach durch reichere Bewohner ersetzt, und die Mieten steigen sowohl in alten als auch in neuen Häusern. Solche Gegenden entwickeln sich zu Luxusquartieren, andere zu Problemvierteln, weil Aufsteiger wegziehen und nur noch Menschen mit weniger gut gefülltem Portemonnaie zurückbleiben. So folgt Deutschland dem schlechten Beispiel der sozial getrennten amerikanischen Städte. Bauen spaltet die Gesellschaft. Bauen ist unsozial.

Um die Unterschiede zwischen den Stadtvierteln zu begrenzen, gab es in Berlin früher eine Zuzugssperre für Ausländer in diejenigen Bezirke, in denen bereits viele lebten. Heute müsste man etwas anderes fordern: eine Zuzugssperre für Reiche in die angesagten Szeneviertel. Wo bereits zu viele Luxuswohnungen entstanden, dürften keine Höchstverdiener mehr zuziehen.

Der Streit um Gentrification ist komplex (mehr dazu auf S. 48). Einerseits muss man die Angst der Menschen ernst nehmen, inwieweit sie sich die Mieten in ihrem Kiez zukünftig noch leisten können. So gesehen sind manche linken Kapitalismuskritiker die neuen Heimattreuen. Andererseits verhalten sich zuweilen gerade diejenigen, die sonst zu Toleranz aufrufen, intolerant gegenüber Zugezogenen, nur weil diese eine andere Biermarke trinken.

Es gibt in Berlin sogar Vorbehalte gegenüber Baugemeinschaften. Im Karl-Kunger-Kiez in Treptow wurde eine Baugruppe zum Ziel der Proteste, die selbst aus ehemaligen Hausbesetzern und Mitgliedern linker Gruppen besteht, wie das Magazin Zitty berichtet: »Linke Gegner der Gentrifizierung« hatten »Fensterscheiben eingeworfen, Farbe an die Hauswand gespritzt, Hassflugblätter im Kiez verteilt«.[68] Immerhin wurde in der Szene Kritik daran laut, eine *private* Baugemeinschaft genauso anzufeinden wie *gewerbliche* Investoren.

Die Immobilienbranche sei ihrerseits nicht daran schuld, dass einkommensschwache Schichten aus den Innenstädten verdrängt werden, sagt Jürgen Michael Schick vom Maklerverband IVD.[69] Die Gentrifizierung eines Stadtteils beginne auf der Nachfrageseite, wenn außer Studenten und Künstlern auch einkommensstarke Gruppen nach Wohnungen fragen. Die Gegner der Gentrification wollten ihre Besitzstände wahren, wenn sie das Verschwinden be-

Das G-Wort: »Gentrifidingsbums«

Aus dem sperrigen Wort »Gentrification« wurde in einem Buchtitel von Christoph Twickel »Gentrifidingsbums«, und er skizzierte das Phänomen wie folgt: »Wenn draußen nur noch das Raspeln der Rollkoffer auf dem Pflaster zu hören ist, wenn der türkische Elektrohöker einem Flagshipstore weicht und selbst nachts um halb zwei noch Leute mit aufgeklapptem MacBook in der Bar sitzen: Dann ist es allerhöchste Zeit, sich Gedanken zum Thema Gentrifizierung zu machen.«[67]

Aber was ist mit diesem Begriff wirklich gemeint? Er wird derart heftig diskutiert, dass man zwei Lesarten anbieten kann.

(1) »Gentrification« bezeichnet den Wandel eines einfachen Stadtteils, meist mit Gründerzeitbauten, in dem Arbeiter und Ausländer wohnen, zu einer angesagten Gegend, in die Akademiker ziehen. Anfangs entdecken Künstler das heruntergekommene Stadtviertel, weil sie der rohe Charme und die niedrigen Mieten locken. Nach den Künstlern kommen Kunstgalerien und Clubs. Wenn die Gentrification im vollen Gang ist, zeigt sie sich an der steigenden Zahl von Yuppie-Kinderwagen und an schicken Cafés. Die Häuser werden luxussaniert, Eigentümer erhöhen rasant die Miete, und Zuzügler vertreiben die ärmeren Menschen. Fatalerweise trifft die Verdrängung dann auch jene Künstler, die den Prozess selbst ausgelöst haben.

(2) »Gentrification« ist ein Kampfbegriff von Menschen, die sich für links halten und jegliche Veränderung ihres Stadtteils ablehnen. Sie selbst zogen in ein charmantes Altbauviertel und veränderten dadurch dessen Charakter, doch nun lehnen sie diejenigen ab, die nach ihnen dort hinziehen. Das vermischt sich mit Vorurteilen von Kreativen gegenüber Akademikern. Böse Zungen sagen gar, es handele sich

um Vorurteile derjenigen, die von Staatsgeld in Form von Kulturför-
derung und Sozialhilfe leben, gegenüber denjenigen, die das Geld er-
wirtschaften. Selbsternannte Gegner der Gentrification schmeißen
Steine auf Neubauten und Kunstgalerien, zünden parkende »Luxus-
autos« an und nehmen dabei in Kauf, dass auch manch ein Klein-
wagen zerstört wird – sozusagen ein »Kollateralschaden« linksautono-
mer Gewalt, der schon Betreiber von Imbissbuden an den Rand des
Ruins brachte.

stimmter Clubs und Kneipen beklagten. Und schließlich nutze
eine Aufwertung durchaus, wie der Prenzlauer Berg zeige, der Anfang der 1990er-Jahre ein Meer von grauen Fassaden darstellte – wo
man heute jedoch gerne wohnt.

Teurer Neubau

Neu bauen kostet mittlerweile so viel Geld, dass nur Menschen ab
der Mittelschicht aufwärts neues kaufen oder mieten können. Es
gilt als günstig, wenn ein Hausbau weniger als zweitausend Euro
je Quadratmeter kostet und Mieten unter zehn Euro je Quadratmeter liegen. In boomenden Städten wie Frankfurt am Main kosten Wohnungen in neuen Häusern oft sechzehn Euro je Quadratmeter, und das sind keine Luxusvillen.

Noch teurer wird Bauen durch hohe Umweltstandards. Es ist
umstritten, wie viel mehr ökologisches Bauen im Vergleich zu her-
kömmlichem kostet: Einige beziffern die Mehrkosten für Passivhäuser auf dreißig Prozent, andere gehen von zehn Prozent aus.[70]
Dabei ist es eigentlich absurd, dass ökologisches Bauen teurer ist als
unökologisches, denn in dem Maße, wie die Umweltschäden sinken, kostet Ökobauen zumindest die Gesellschaft weniger. Wobei

dies nur deshalb gilt, weil bei den Preisen für Material und Bauen die sogenannten externen Kosten fehlen – für gerodete Wälder etwa oder den Klimawandel.

Teurer Sozialbau[71]

Egal, ob die Preise die Wahrheit sagen: Neubau war schon immer besonders teuer, das gilt auch und ausgerechnet für den sogenannten sozialen Wohnungsbau. Unter diesem »Label« entstanden allein in Berlin von 1951 bis 1997 über 400.000 Wohnungen, die insgesamt 28 Milliarden Euro Fördergeld kosteten; für jede neu gebaute Sozialwohnung erhielten die Investoren also 70.000 Euro dazu.[72] Auf Dauer bleibt aber *keine* dieser Sozialwohnungen übrig: Die Investoren mussten sich immer nur für eine begrenzte Zeit dazu verpflichten, Wohnungen günstig zu vermieten. Nach fünfzehn oder zwanzig Jahren ist Schluss mit dem Sozialen, dann nehmen sie marktübliche Mieten.

Weil es öffentliches Geld dafür gibt, sind Sozialwohnungen bei vielen Unternehmen beliebt. Wer teuer baute, bekam in manchen Modellen mehr Geld. Mit anderen Worten: Verschwendung wurde belohnt. Eine Miete von fünfzehn Euro je Quadratmeter wäre bei manchen neuen Wohnungen im Berlin der Neunzigerjahre nötig gewesen, um ihre Kosten zu decken. Vermietet werden mussten die Wohnungen während der Förderzeit aber günstiger, die höheren Kosten zahlten Land oder Bund.

Noch schlimmer wurde es beim Ausstieg aus diesem Modell. Unter dem Finanzsenator Thilo Sarrazin beschloss der Berliner Senat 2003, über 28.000 Sozialwohnungen nicht weiter zu fördern, die in den zehn Jahren bis 1997 gebaut worden waren.[73] Das hatte dramatische Folgen. Zum einen versuchten die Vermieter nun, die hohen Baukosten durch hohe Mieten wieder reinzuholen, was angesichts der überteuerten Kosten in vielen Fällen scheiterte und manche Bauherren in die Pleite trieb. Da die Stadt Berlin jedoch für einige gebürgt hatte, musste sie nun einspringen und sparte nicht so viel wie geplant – mancher meinte gar, sie hätte draufgezahlt. Zweitens galt für die Eigentümer, egal, ob es die bisherigen waren oder nach einer Pleite neue, dass sie nach Ende der Förderung von ihren Mietern so viel Geld nehmen durften, wie der Markt hergab. Der Mietspiegel gilt nämlich nur für frei finanzierte Wohnungen, nicht für (ehemalige) Sozialwohnungen. Also wurden die Wohnungen teurer. Bis heute halten diese Probleme an: Ende 2014 wurde bekannt, dass in Berlin über siebentausend Sozialwohnungen leerstehen, auch weil sie teurer sind als die auf dem freien Markt.[74]

Die Lösung der sozialen Frage liegt nicht im sozialen Wohnungsbau, sie hat mit Bauen gar nichts zu tun. Nach Jahrzehnten des Bauens von Hunderttausenden neuen Wohnungen wird trotzdem immer wieder eine Wohnungsnot ausgerufen. Das beweist, dass mehr Bauen keine Probleme löst, sondern neue schafft.

Städte im Ausverkauf

In Tübingens Französischem Viertel arbeiten siebenhundert Personen in hundertfünfzig Unternehmen, außerdem wohnen dort über zweitausend Menschen – hier steht das vorbildlichste Stück Stadt, das in den letzten Jahrzehnten in Deutschland um- und neu gebaut wurde.[75] Bis 1991 war hier die französische Armee stationiert; sie hinterließ die ehemaligen Mannschaftshäuser, in denen heute Studenten wohnen, und die einstigen Pferdeställe, in denen jetzt Kreative und Handwerker arbeiten. Die neu gebauten Häuser wirken derart gewöhnlich, dass man zunächst gar nicht merkt, wie einzigartig sie sind, denn gewohnt wird dort nur in den Obergeschossen, in den Erdgeschossen finden wir Läden

und Werkstätten, Kindergärten sowie Büros von Journalisten oder Archi-
tekten. Die Mischung gleicht Altstädten und Gründerzeitvierteln, nicht
den typischen Neubaugebieten, in denen ausschließlich Wohnungen
entstehen, die von einem Investor dutzendfach nach gleichem Muster
gebaut werden. In Tübingens Französischem Viertel sieht jedes Haus
anders aus, und jedes hat einen anderen Eigentümer, weil Baugemein-
schaften sich dafür zusammengetan haben. Die Innenhöfe nutzen die
Bewohner ganzer Häuserblöcke gemeinsam und gestalten große Gärten
zum Spielen und Treffen. Spielen können Kinder auch in den Seitenstra-
ßen, denn dort stehen keine Autos am Straßenrand, sie müssen in die
Quartiersgaragen.

Wenn Neubau überall so aussähe wie im Französischen Viertel, gäbe
es weniger Grund, ihn zu bekämpfen. Doch das Tübinger Projekt
wurde nicht zum Vorbild, sondern zur einmaligen Ausnahme. Andernorts entstehen keine Stadtviertel in kleinteiliger Mischung von
Wohnen und Arbeiten, sondern öde Wohnviertel und öde Büroviertel.

Neubau in den Städten schockiert auch dadurch, *was* und *wie* gebaut wird, selbst wenn Investoren nach eigener Aussage »gemischte
Stadtviertel« entwerfen. Nur vierzig Kilometer von Tübingen entfernt lässt sich dies am Beispiel der ersten Bauten von Stuttgart 21
zeigen. Dort stapelt sich auf ehemaligen Bahnflächen neben dem
Hauptbahnhof ein Shoppingcenter mit Büros und Wohnungen.
Eine gute Idee wird hier ins Absurde geführt; was Feingefühl erfordert und wie bei einem guten Essen kleinteilig zubereitet werden
muss, wird hier grob zusammengepackt. Es fehlen die Wertschät-
zung der traditionellen Stadt und das Verständnis dafür, was ihren
kulturellen Wert ausmacht. Im Städtebau geht es jedoch um Liebe
zum Detail. Ansprechende Architektur allein ist nicht genug, erst
recht nicht ein schillernder Architektenname. Auf das richtige Maß

im richtigen Rahmen kommt es an. Die Menschen und ihre Bedürfnisse müssen im Mittelpunkt stehen, nicht die Maximierung des Gewinns. Solange das nicht geschieht, sollten wir weitere Neubauviertel verhindern.

Die werden im Übrigen immer häufiger von privaten Investoren errichtet, weil die Städte sich aus dem Städtebau zurückziehen. Darüber hinaus werden Wohnungen in großem Stil privatisiert.

Privatisierung ohne Ende

Vor allem in den 1990er-Jahren verkaufte das Land Berlin rund 200.000 Wohnungen.[76] Bundesweit privatisierten die ehemals öffentlichen Monopolisten Bahn, Post und Telekom Wohnungen zigtausendfach. Leider sind unter den Erwerbern immer auch »Heuschrecken«, die ihre Häuser verkommen lassen, gleichzeitig die Miete erhöhen und so kurzfristig ihren Gewinn maximieren, um die Wohnungen dann meistbietend weiterzuverkaufen.

Eine der umstrittensten Firmen war wohl die Gagfah-Fortress-Gruppe. Dieser Konzern entstand unter Mitwirkung öffentlicher Stellen, in erster Linie der Bundesversicherungsanstalt für Angestellte. Die BfA verkaufte 2004 rund achtzigtausend Wohnungen der Gagfah an den amerikanischen Investor Fortress. Zwei Jahre später folgte die Stadt Dresden mit fast fünfzigtausend Wohnungen; fast den kompletten kommunalen Bestand an Wohnungen hatte Dresden privatisiert und dafür 1,7 Milliarden Euro erhalten. Politiker lobten sich damals dafür, die Stadt entschuldet zu haben, doch bald darauf bereute manch einer diesen Schritt. Zum einen beschuldigten Mieterverbände den Gagfah-Fortress-Konzern, seine Wohnungen in verschiedenen Städten nicht genug zu pflegen.[77] Zum anderen warf die Stadt Dresden im Jahr 2011 Gagfah-Tochterfirmen vor, sie hätten sich nicht an die vereinbarte Sozialcharta gehalten;

der zufolge mussten Wohnungen zuerst den eigenen Mietern zum Kauf angeboten werden, und diese Verpflichtung musste auch auf einen Käufer übergehen – woraufhin die Stadt Gagfah/Fortress verklagte und Vertragsstrafen von über einer Milliarde Euro forderte.[78] Schlussendlich einigte man sich auf eine Zahlung von 36 Millionen Euro.

Inzwischen scheinen die wilden Zeiten bei diesem Konzern vorerst vorbei zu sein. Fortress hat seine Anteile an der Gagfah verkauft (dazu später mehr), und auch die Stadt Dresden schwenkte um: 2016 soll ein neues kommunales Wohnungsunternehmen gegründet werden.[79] Scheinbar hat man erkannt, dass sich soziale Aspekte am besten verwirklichen lassen, wenn Wohnungen in öffentlicher Hand liegen.

Ungeachtet schlechter Erfahrungen geht die Privatisierung jedoch weiter: 2012 verkaufte die Landesbank Baden-Württemberg über zwanzigtausend Wohnungen für rund 1,4 Milliarden Euro an Investoren rund um das Unternehmen Patrizia.[80] Regionale Wohnungsgesellschaften und die Stadt Stuttgart boten nur dreißig Millionen Euro weniger, doch sie gingen leer aus. Kurz darauf wurden etwa 32.000 Wohnungen der GBW privatisiert, einer Tochter der bayerischen Landesbank Bayern LB.[81] Bayerische Politiker behaupteten, sie würden von der Europäischen Kommission zur Privatisierung gezwungen – doch das war offenbar falsch, wie sich zu spät herausstellte.[82]

Selbst in Berlin geht die Privatisierung weiter. Einerseits kaufen jetzt die Wohnungsgesellschaften in der boomenden Stadt teuer Wohnungen dazu oder bauen neu, nachdem sie in den Neunzigerjahren billig verkauft hatten. Andererseits haben die landeseigenen Firmen sogar 2012/13 zusammen 1.500 Wohnungen verkauft und ließen offen, ob weitere 6.000 Wohnungen folgen.[83] Zusätzlich kündigte auch der Bund an, er werde in Berlin in den nächsten fünf

Jahren knapp 1.700 Wohnungen verkaufen, und zwar per Höchstgebot.[84] Ein Wohnhaus in der Großgörschenstraße etwa wurde 2014 zum 31-Fachen der Jahreskaltmiete zum Verkauf angeboten. Das ist mehr als doppelt so viel, wie landeseigene Wohnungsgesellschaften eigentlich verlangen dürfen. Da ist klar: Wer zu so einem Preis kauft, erhöht die Miete.

Auf den Staat als Eigentümer können wir uns also nicht verlassen. Das bekamen auch Genossenschaften in München zu spüren: Von ihnen übernahm der Bund, als er Post und Bahn privatisierte, Grundstücke im sogenannten Bundes-Eisenbahn-Vermögen. Darauf hatten vor etwa hundert Jahren Genossenschaften im Erbbaurecht Wohnungen für Post- und Bahnbeamte gebaut. Nun, da das Erbbaurecht in Kürze ausläuft, verkauft der Bund die Grundstücke! Anfangs gingen die Grundstücke zu bescheidenen Preisen an die Genossenschaften. Doch 2012 wollte der Staat scheinbar den maximalen Preis erzielen, berichtete die Süddeutsche Zeitung, und private Erwerber sollten zum Zug kommen.[85] In München waren dadurch zwanzigtausend Wohnungen von höheren Mieten bedroht. 2014 kam es zwar zu Gesprächen zwischen den Beteiligten, doch die Grundstücke werden weiterhin vom Bund verkauft, der möglichst viel Geld einnehmen möchte. Weil die Genossenschaften nicht wissen, ob ihnen der Boden, auf dem ihre Häuser stehen, in zehn Jahren noch gehört, verlieren manche an ihren Altbauten das Interesse und wenden sich dem Neubau zu.

Wenn der Staat so unzuverlässig handelt, dürfen wir von privaten Wohnungsunternehmen wohl nichts anderes erwarten. Es fühlt sich nicht gut an, wenn Wohnungen gehandelt werden wie ein beliebiges Konsumgut: 2013 wurden für über dreizehn Milliarden Euro Wohnungen verkauft, schreibt die Immobilien Zeitung.[86] Im März 2014 titelte sie: »Deutsche Annington kauft eine mittelgroße Stadt«, denn die Firma, die damals rund 175.000 Wohnungen besaß, kündigte an, weitere 41.000 Wohnungen zu kaufen.[87] Im Jahr 2015 übernahm die Deutsche Annington die bereits erwähnte Gagfah. Unter dem neuen Namen Vonovia gehören dem Unternehmen etwa 350.000 Wohnungen, in denen eine Million Menschen wohnen;[88] das ist so, als gehörte ganz Köln einem einzigen Konzern. Die meisten dieser Wohnungen waren früher in öffentlicher Hand und wurden mittlerweile privatisiert.

Dieses Schicksal traf ebenso das letzte Stück DDR, nämlich zwölftausend Wohnungen der bundeseigenen TLG Immobilien. Zwar versuchte eine Genossenschaft aus Politikern der Partei Die Linke zusammen mit Mietern, diese zu kaufen.[89] Doch eine Bank wählte im Auftrag des Finanzministers die Käufer aus und warf die Genossenschaft gleich in der ersten Runde aus dem Rennen.[90] Auch diese Wohnungen landeten bei privaten Immobilienfirmen.

Stadtzentrum im Ausverkauf

Die extremste Form der Privatisierung ist der Verkauf unserer Stadtzentren. Der Staat verkaufte große Grundstücke in bester Lage, als er Post und Bahn privatisierte: Rund 7 Millionen Quadratmeter, die früher der Bahn gehörten, gingen mit der Firma Vivico im Jahr 2007 für etwa eine Milliarde Euro an das österreichische Immobilien-Unternehmen CA Immo.[91] Im gleichen Jahr wechselten gleich 27 Millionen Quadratmeter ehemalige Bahnflächen mit der Firma Aurelis für gut anderthalb Milliarden Euro zu den privaten Erwerbern Hochtief und Redwood Grove International.[92] Insgesamt wurden Flächen versilbert, die dreimal so groß sind wie der Berliner Tiergarten, der Englische Garten München und der Hamburger Volkspark zusammen – und genauso zentral. Diese Verkäufe wurden möglich, weil die Bahn in fast allen Zentren der deutschen Großstädte weniger Platz braucht, manche Tätigkeiten weiter nach draußen verlegte und Bahnflächen verkleinerte. Aber diese Orte liegen im Herzen unserer Städte, und es hätte daher eine öffentliche Entscheidung sein sollen, was aus ihnen wird. Stattdessen werden jetzt die ehemaligen Bahngelände von privaten Unternehmen »entwickelt«: In München wird daraus der Hirschgarten, in Frankfurt am Main das Europaviertel nah am Messegelände und in Berlin die Europacity nördlich vom Hauptbahnhof. Die zentral gelegenen ehemaligen Bahnflächen werden verbaut, und was die Bahn nicht verwerten kann, verkommt: Viele alte Ringbahnschuppen, Stellwerke und kleine Bahnhöfe bleiben ungenutzt und verfallen.

Auf ähnliche Weise verkauften Bund und Bahn öffentliches Eigentum an ehemaligen Güterbahnhöfen, die weniger zentral liegen, aber gigantisch groß sind. Dort diskutiert man nun über neue Möbelmärkte und Shoppingcenter, etwa neben dem Duisburger Hauptbahnhof auf dem ehemaligen Love-Parade-Gelände, in Berlin-Pankow und Berlin-Grunewald. Der Bauwahn in unseren Städten ist auch eine Folge von Privatisierung und Ausverkauf öffentlichen Eigentums.

4

Bürger wehren sich

Das ist Freiheit: vorn die U-Bahn, hinten ein Meer aus Gras, bis fast zum Horizont nur Rasen und Sträucher, durchzogen vom Asphalt der Start- und Landebahn. »Tempelhofer Freiheit« nannte der Berliner Senat die Fläche, und die Berliner und Berlinbesucher fühlen sich frei, fahren mit Inlinern über das Gelände, lassen Drachen steigen und spielen Gitarre. An schönen Sonntagen gehen Tausende über das Tempelhofer Feld, das trotzdem nie voll wird. Nur bei Konzerten im Schatten des Flughafens wird es manchmal eng oder an den Zugängen, die aus Kreuzberg, Tempelhof und Neukölln aufs Feld führen.

100 % Berlin

Dass dieses Feld nie kleiner werden darf, dafür stimmten 739.026 Berliner beim Volksentscheid am 25. Mai 2014. Damit gewann die Initiative »100 % Tempelhofer Feld« fast zwei Drittel der Wähler. Sie überzeugte weit mehr Menschen als nur eine kleine Gruppe von Gegen-alles-Leuten, wie mancher anfangs vermutete, sondern gewann die Herzen vieler Berliner – und im November den Berliner Umweltpreis in der Kategorie Umweltengagement. Dabei hatte es manchen bereits überrascht, dass es überhaupt zum Volksentscheid kam, wofür die Initiative über 180.000 Unterschriften sammelte.

Am 25. Mai verhinderten schließlich viermal so viele Stimmen jeglichen Neubau auf dem Tempelhofer Feld. Der Berliner Volksentscheid zeugt von einem weitverbreiteten Unbehagen gegen Bauwut und gegen das Verschwinden der Freiräume in der Stadt. Das Ergebnis zeigt, dass sich die Menschen nicht von Sprüchen abwimmeln lassen, denen zufolge Neubau »alternativlos« sei. Tatsächlich beschäftigten sich die Engagierten in der Initiative »100% Tempelhofer Feld« auch grundsätzlich mit dem Wohnen in Berlin[93] und denken über andere Wohnformen nach. Glaubwürdig klingt das zum Beispiel bei Felix Herzog, einem der Initiatoren, der damals ein Internetportal zur Vermittlung von Senioren-WGs betrieb. Er äußerte sich auch zum Neubau außerhalb des Tempelhofer Feldes kritisch und verwies auf leerstehende Gewerbeflächen und ausbaufähige Dachgeschosse.

Nach »100% Tempelhofer Feld« ist der logische nächste Schritt die Forderung »100% Berlin«. Zur Stadt gehören die Menschen, und den Menschen gehört die Stadt. Freiflächen in unseren Städten sind Freiraum für Parks und Wiesen, für Spielen und Gärtnern, aber kein »Bauerwartungsland«.

Bisher richtete sich der Protest meist gegen einzelne Prestigeprojekte. Zum Beispiel wollte die Stadt Jena den Eichplatz im Stadtzentrum neu bebauen lassen, unter anderem mit einem Shoppingcenter. Darüber stimmten 2014 in einem Bürgerentscheid etwa 55.000 Personen ab, und mit 34.000 Stimmen gab es eine deutliche Mehrheit gegen das Bauprojekt. Erheblich knapper ging es in Essen zu. Beim Bürgerentscheid über Neubauten der Messe gingen mehr als 130.000 Essener Bürger zu den Wahlurnen – und stoppten mit nur 962 Stimmen Vorsprung das Millionenprojekt.

In Bremen fordert ein Bündnis von Bürgerinitiativen dazu auf, 99 (!) Freiflächen auf Dauer *nicht* zu bebauen.[94] Nachdem sie 2014 über fünftausend Stimmen gesammelt hatten, lehnte der Bremer

Senat das Volksbegehren aus rechtlichen Gründen ab, doch nun starten die Bürger einen zweiten Versuch.[95] Damit erreicht der Widerstand gegen die Bauwut eine neue Dimension.

Widerstand unterstützen

Der Widerstand gegen Neubau braucht Unterstützung, denn meistens ist es ein ungleicher Kampf. Auf der einen Seite stehen engagierte Bürger, die sich selbst informieren, organisieren und finanzieren. Auf der anderen Seite stehen professionelle Investoren mit ihren Experten für Recht und Marketing – und viel Geld. Selbst wenn Politiker einem Investor kritisch gegenüberstehen, bleibt es ein unfaires Duell. Denn in deutschen Städten arbeiten die Stadträte für ein fast symbolisches Entgelt oder ehrenamtlich, sogar in den Stadtstaaten Berlin, Hamburg und Bremen gibt es nur Teilzeitparlamente. Tagsüber arbeiten die Stadträte in ihrem jeweiligen Beruf, nach Feierabend kämpfen sie sich durch dicke Aktenordner und entscheiden über millionenschwere Bauprojekte. Man möchte den Lokalpolitikern manchmal böse sein, wenn sie sich für einen schillernden Neubau haben verführen lassen, aber für sie ist alles neu: *Zum ersten Mal* beschäftigen sie sich mit den Plänen für einen neuen Möbelmarkt, ein Fachmarktzentrum oder Shoppingcenter. Viele Politiker fangen genauso wie jede Bürgerinitiative gegen ein Bauprojekt bei null an. Ihnen gegenüber sitzen die Profis der Investoren mit ihren *dutzendfach* erprobten Präsentationen, die genau wissen, welches Argument verfängt.

Was wir brauchen, sind faire Bedingungen. Eine Stiftung müsste dafür sorgen, dass Bürger und Stadtpolitiker sich über Neubau und seine Alternativen informieren können. Bisher gibt es zum Beispiel bei Shoppingcentern nur eine dem Marktführer ECE nahestehende Stiftung namens »Lebendige Stadt«. Als Gegengewicht bräuchte es eine Stiftung, die sich wirklich um eine lebendige Stadt verdient macht und den Kommunen hilft, sich gegen die Ansiedlung von Shoppingcentern zu wehren, die Scheinargumente der Neubau-Lobbyisten zu entlarven, juristische Tricks zu durchschauen und statt irgendwelcher Prestigeprojekte den lokalen Handel zu stärken. Mancher Unternehmer fördert Umweltschutz oder soziale Belange; gesucht werden nun Stifter, die ein Herz für die Stadt haben. Eine Stiftung für den Stadtwandel würde Werkzeuge erforschen, um unsere Städte zum Besseren zu wandeln und ein Gleichgewicht der Waffen herzustellen zwischen bauwütigen Investoren und besorgten Bürgern.

Verbietet den Abriss

So wie dieses Eckhaus am Heinrichplatz in Duisburg-Bruckhausen stellt man sich die Gründerzeit um 1900 vor: Die Fassaden recken sich mit verziertem Stuck zum Dachgeschoss, das ein Treppengiebel krönt. Ein Zwiebeltürmchen über einem Erker betont die Ecke. Ein Bild der Vergangenheit, denn dieses Haus wurde abgerissen. Mehr als hundert Gründerzeithäuser werden in Duisburg-Bruckhausen bis Ende 2015 für einen »Grüngürtel« zerstört.[96] Bagger tragen Dächer ab, fressen Backsteinmauern an, die mit dumpfem Klang zusammenbrechen und unter Staubwolken verschwinden.

Der Abbruch läuft unter dem Etikett »Soziale Stadt«, einem Förderprogramm des Bundes. Der geplante Grüngürtel trennt Industriegebiete von Wohnvierteln. In der Tat standen viele Wohnungen leer. Und bislang war es sicher nicht nur angenehm, direkt am Stahlwerk zu wohnen. Andererseits: Wer glaubt wirklich, dass in Duisburg in dreißig Jahren noch ein Stahlwerk arbeitet? Das Industriegelände wird dann selbst grün. Aber heute winkt Fördergeld der EU, und die Stahlfirma Thyssen-Krupp spendet über 35 Millionen Euro.

Abriss vernichtet Stadtgeschichte

Der Abriss in Duisburg-Bruckhausen erinnert an die überwunden geglaubte Zerstörungswut der 1960er- und 70er-Jahre. Damals machten Stadtplaner und Politiker ganze Häuserblöcke platt und bezeichneten den Totalabriss als »Sanierung«. Doch angesichts des Kahlschlags protestierten Bürger und Fachleute. Mitte der Siebzigerjahre besann man sich auf den Denkmalschutz und das Stadtbild; das Europäische Denkmalschutzjahr 1975 gilt als Wendepunkt. Ein behutsamer Stadtumbau entwickelte sich, etwa mit der Internationalen Bauausstellung IBA 1987 in Berlin, geleitet vom Architekten Josef-Paul Kleihues. Sein Motto war die »kritische Rekonstruktion der Stadt«. Aber nach drei Jahrzehnten der Zurückhaltung fordern manche wieder Abriss und Neubau. Unklar bleiben die Motive in Duisburg; vielleicht möchte ThyssenKrupp Nachbarn loswerden, die sich über Lärm und Schmutz beschweren könnten. Und Politik und Verwaltung möchten womöglich mit der Abrissbirne ein sogenanntes Problemviertel beseitigen. Doch auf diese Weise nehmen sie dem Ort die Chance, die alte Häuser bieten: Während in Boomstädten vieles abgerissen wird, bleiben historische Bauten in Schrumpfregionen erhalten, auch wenn viele leerstehen und verfallen. Doch eines Tages wirken die Altbauten nostalgisch und werden neu entdeckt – wenn man sie stehenlässt.

Eigentlich werden heute selten Gebäude der *Gründerzeit* abgerissen, und auch die *klassische Moderne* bleibt meist verschont. Doch selbst da gibt es Ausnahmen: In Berlin drohte den Kant-Garagen der Abriss, einem industriell wirkenden Parkhaus von 1930 auf sechs Etagen. Es steht unter Denkmalschutz, aber der Eigentümer beklagt sich, die Sanierung koste zu viel Geld.[97] Vielleicht geht es ihm vor allem um das Geld, das er stattdessen mit einem Neubau an gleicher Stelle verdienen könnte, denn die Lage ist erstklassig, nur sechshundert Meter vom Kurfürstendamm entfernt. Immerhin lehnte der Bezirk 2015 einen Abriss ab und rettete damit vorerst den Bau.[98] Zu dieser Entscheidung trugen Proteste von Architekten und Historikern bei, die manchem erst klarmachten, welchen Wert dieses bauliche Erbe bedeutet.

Es hängt unter anderem vom Zeitgeist ab, ob eine Epoche gewürdigt wird, denn unsere Vorlieben ändern sich. Die älteren Baustile werden historisiert, und wir erkennen ihre Qualitäten. Darum muss die *Nachkriegsmoderne* noch zittern: Zu schnell und zu billig baute man nach dem Zweiten Weltkrieg Wohnungen, zu rasant drängte in den Sechzigerjahren der Wirtschaftsaufschwung zum Neubau. Auch deswegen wirken manche Häuser jener Zeit recht nüchtern und gewinnen mit ihrem spröden Charme nur schwer Liebhaber. Architekten schätzen die klaren Formen, andere sehen nur schmucklose Kisten. Doch auch die sind ein Teil der Geschichte unserer Städte. Würdigen wir nicht nur die Perlen der Baugeschichte und die denkmalgeschützten Häuser, sondern alle Formen, Zeiten und Stile: Klassik und Moderne, Bauernhäuser und Großsiedlungen, einfache Bauten und namenlose Alltagsarchitektur!

Abriss der Museen

Immerhin können wir uns in Deutschland gegen Abriss wehren. Mit lautem Protest haben engagierte Bürger das Haus des früheren Museums am Ostwall in Dortmund gerettet. Das Museum zog 2009 aus und hinterließ das nach ihm benannte Gebäude leer.[99] Sein Vorteil könnte sein, dass sich hinter der Fassade von 1947 Teile des Königlichen Oberbergamtes von 1875 erhalten haben. Anfang 2015 entschied der Dortmunder Stadtrat: Hier entsteht ein Archiv für Baukunst.[100]

Hin und her ging es auch beim Frankfurter Philosophicum des Architekten Ferdinand Kramer. Es diente der philosophischen Fakultät der Universität und reckt sich neun Etagen hoch mit klaren Kanten, ein Klassiker der Nachkriegsmoderne. Der Bau von 1960 ist zwar als Denkmal anerkannt, steht aber seit über zehn Jahren leer. 2014 drohte dann der Abriss.[101] Doch eine Gruppe von Bürgern wollte es retten, plante Wohnungen, ein Quartiersbüro und ein Waschhaus sowie ein Archiv zum Werk von Ferdinand Kramer.[102] Aber der Kauf scheiterte am Geld. Trotzdem bleibt das Philosophicum nun erhalten: Ein Unternehmer wird es wohl bis 2016 umbauen und dort Appartements schaffen.[103]

Wenn ein *dreihundert* Jahre altes Haus abgerissen wird, dann schmerzt der Verlust der gebauten Geschichte. Wenn ein *dreißig* Jahre altes Haus verschwindet, schmerzt auch der Verlust des Geldes. So stritt man in den Jahren 2012 bis 2014 über den Abriss zweier noch junger Museumsbauten:[104] In Karlsruhe diskutierte man darüber, einen vom Architekten Heinz Mohl erst 1990 erstellten Bauteil der dortigen Kunsthalle zu entfernen. Diese Pläne verschwanden wieder vom Tisch, im Gegensatz zur Mannheimer Kunsthalle. Dort riss man 2015 den sogenannten Mitzlaff-Bau ab, eine Erweiterung von 1983, die einer neuen Erweiterung weichen musste.

Woanders wird noch radikaler abgerissen. In China löscht die Bauwut ganze Dörfer aus, mit einer »Wucht, die einen in den Bann schlägt«, schreibt Kai Strittmatter in der Süddeutschen Zeitung und schildert: »250 Millionen Bauern will die Regierung in den nächsten zwölf Jahren zu Städtern machen.«[105] Nur auf subtile Weise ist es in China möglich, Kritik zu üben. So wurden für einen neuen Stadtteil in Ningbo dreißig »alte wunderschöne Dörfer abgerissen«, zitiert Strittmatter den Architekten Wang Shu. Dieser gewann den Wettbewerb für ein Museum mit einem Entwurf, den das Kulturamt nur widerwillig bauen ließ – es entstand aus dem Bauschutt der abgerissenen Häuser. Alte Steine in vielen Farben und Formen bilden nun neue Mauern. Die vertriebenen Bewohner der zerstörten Dörfer lieben diese gebaute Erinnerung an ihre alte Heimat. In den ersten drei Monaten kamen täglich zehntausend Besucher.

Stadtabriss Ost

Fast 600.000 Besucher kamen im Jahr 2014 in das Berliner DDR-Museum, das auf vielerlei Weisen an die Geschichte der DDR erinnert. Vielleicht macht das Museum damit ein bisschen von dem wieder gut, was nach der Wiedervereinigung geschah: Besonders respektlos wurden damals Bauten der DDR weggeräumt. Mit Siegermentalität beseitigte der Westen symbolbeladene Häuser wie den Palast der Republik, aber auch das international bewunderte Ahornblatt, eine Berliner Gaststätte, die der Architekt Ulrich Müther mit einer mehrfach gekrümmten Betonschale überdacht hatte. Ingenieurskunst der DDR – ebenso wenig gewürdigt wie Tausende Wohnungen.

In den neuen Ländern wurden bis 2012 innerhalb von zehn Jahren rund 300.000 Wohnungen abgerissen,[106] so viele gibt es in Eisenach, Erfurt, Gera, Jena und Weimar zusammen. Weitere gut 200.000 sollen noch folgen. Unter dem Namen »Stadtumbau Ost« fördert dies der Bund, doch »Stadtabriss Ost« würde besser passen. Die Zwischenbilanz ernüchtert: Eigentlich sollte der massive Abriss den Leerstand mindern, doch 2014 stehen rund 685.000 Wohnungen im Osten Deutschlands leer.[107] »Leer gestanden zu Ruinen und dem Abriss zugewandt« könnte man die alte Nationalhymne der DDR umbenennen. Ein Grund für den Leerstand dafür liegt nahe, denn gleichzeitig wurden seit dem Mauerfall knapp eine Million Wohnungen neu gebaut.[108] Das Ganze wirkt so absurd, dass die wichtigsten Zahlen hier noch einmal wiederholt werden: Knapp eine Million Wohnungen wurden seit 1990 im Osten Deutschlands neu gebaut, während dort etwa 300.000 der Abrissbirne zum Opfer fielen und rund 700.000 Wohnungen leerstehen.

Niemand weiß, wie viel uns die Neubauten gekostet haben, die neuen Straßen und Leitungen sowie Zuschüsse an Bauherren. Gleichzeitig kostete der sogenannte Stadtumbau Ost samt Abriss mehr als zweieinhalb Milliarden Euro Fördergeld.[109] Mit diesem Geld hätte man sanieren und umbauen können, um Wohnungen attraktiv zu machen. Denn sicher ist es schwierig, für manche Plattenbauten neue Mieter zu finden, wenn sie heruntergekommen sind und ganze Häuserzeilen leerstehen. Aber so weit hätte es gar nicht kommen dürfen.

Es gibt schöne Beispiele, Plattenbauten zu retten, etwa den Power Block in Schwerin. Einer seiner Mieter war der Verein Power for Kids, der dort Jugendarbeit machte. Schon mehrfach hatte der Verein seine Räume verloren, weil ein Plattenbau abgerissen wurde. Als ihn schon wieder ein Abriss heimatlos machen sollte, kaufte Power for Kids 2012 den ganzen Wohnblock und taufte ihn um zu Power Block.[110] Nun vermietet der Verein die Wohnungen und kann auch dadurch seine Jugendarbeit weiter fortführen.

Abreißen für die Konjunktur

Eine spektakuläre These stellte eine sogenannte Studie »Wohnungsbau in Deutschland« im Jahr 2011 auf: Wir müssten hierzulande mehr als vier Millionen Wohnungen abreißen – und danach neu bauen –, weil sie nicht mehr wirtschaftlich zu sanieren seien.[111] Das würde den Massenabriss im Osten Deutschlands noch übertreffen und wäre so, als rissen wir sämtliche Wohnungen Niedersachsens ab. Für diese Abrissorgie solle der Staat mehrere Milliarden Euro zur

Das Bauwerk als Bergwerk

Vielleicht gibt es doch einen guten Grund für Abriss: die Baustoffe. Alte Häuser bergen so viel Material, dass die Studie »Zukunftsfähiges Deutschland« des Wuppertal Instituts schon 2008 vom »Bauwerk als Bergwerk« sprach.[112] Zum Beispiel enthalten sämtliche Gebäude und Güter bereits mehr Kupfer, als sich noch als Rohstoff in der Erde befindet. Weil manche Materialien knapp werden, durchsucht man bereits Mülldeponien. Könnte sich also der Abriss lohnen? Wohl kaum, denn schon heute fallen in Deutschland gut fünfzig Millionen Tonnen Bauschutt im Jahr an.[113] Zwar wird der überwiegende Teil wiederverwertet, doch bei Bauschutt geht es weniger um Recycling als um Downcycling. Aus Abbruchziegeln kann man kein neues Haus bauen, aus Holzresten keinen neuen Dachstuhl zimmern. Die Metalle in Altbauten wären schon lohnender, aber sie lassen sich nur schwer herausholen, denn sie sind fast überall mit anderen Baustoffen verschraubt oder vernagelt, einbetoniert und kaum trennbar verbunden.

Verfügung stellen, hieß es, und diese Forderung verrät einiges über den Zweck der »Studie«. Vollkommen klar wird es, wenn man sich die Auftraggeber anschaut: Genau wie bei der oben zitierten »Wohnungsnot-Studie« stecken dahinter Verbände der Bauwirtschaft, die Industriegewerkschaft Bauen-Agrar-Umwelt und der Bundesverband der Baustoff-Fachhändler. Vier Millionen Wohnungen abzureißen, diese Forderung zeugt nicht nur von einer Wegwerfmentalität in Teilen der Baubranche, hinter ihr stecken massive geschäftliche Interessen. Wer in besten Lagen Häuser abreißt, schafft Platz für gewinnbringenden Neubau. Die Zerstörung alter Häuser erhöht auf dem Papier sogar die Leistung unserer Wirtschaft: Ins Bruttosozialprodukt fließt der Abriss ebenso ein wie der Neubau.

Ersatzstadt

Es wird immer wieder ökonomisch argumentiert, Abriss zahle sich aus. Doch was bedeutet es sozial und kulturell, Häuser wegzuwerfen wie Einwegflaschen? Die gebaute Stadt formt die historische Identität der Menschen, die dort leben. Jedes Haus bewahrt außerdem die Erinnerung an diejenigen, die es einst bauten; bereits die Leistung des Aufbaus zu achten gebietet es, die Gebäude zu pflegen. Was einmal abgerissen wurde, verschwindet für immer. Dabei sollten Häuser Generationen überdauern.

Man kann ein Haus nicht einfach ersetzen wie ein Hemd. Vielerorts reißt man für einen Neubau einen Altbau an gleicher Stelle ab und spricht beschönigend vom »Ersatzneubau«. In Köln-Ostheim verschwand eine Fünfzigerjahre-Siedlung am Buchheimer Weg und wich neuen Wohnriegeln mit 440 Wohnungen. Gleich tausend sogenannte Volkswohnungen trifft es in München mit der Maikäfersiedlung, die in den 1930er-Jahren gebaut wurde. Selbst wenn in beiden Fällen die Energiebilanz für Abriss und Neubau sprechen sollte, verlieren die Menschen dadurch ihre Wohnung, ihre Nachbarn, ihre Heimat.

In Zürich wird offenbar heimlich die ganze Stadt ausgetauscht: »Ersatzstadt« nennt das die Schweizer Zeitschrift Hochparterre; ein »Ersatzzürich« werde gebaut. Im September 2011 zeigte das Magazin 29 Wohnsiedlungen, die in und um Zürich abgerissen und durch Neubauten ersetzt werden. Etwa dreitausend Wohnungen für 7.000 Menschen werden abgerissen, also verschwindet tatsächlich eine kleine Stadt. Die neuen Häuser sind meist höher und breiter, ihre Wohnungen größer, und so werden dort viertausend neue Wohnungen für 10.000 Menschen gebaut. Dort wohnen aber meist nicht dieselben Menschen wie vorher, die hat man nämlich ausquartiert. »Ersatzzürich« ersetzt mit den Häusern die Menschen. Die neuen Wohnungen sind teurer, die Bauherren sprechen eine gehobenere Klientel an, schreibt Axel Simon in Hochparterre und kommentiert: Es gebe zwar in der Schweiz Initiativen, die zu schwere Autos verbieten wollen, doch es fehlen Engagierte, die das Wachstum beim Wohnungsbau begrenzen.[114]

Die Planer von »Ersatzbauten« sollten die Bewohner fragen, ob sie möchten, dass ihre alten Häuser abgerissen werden. Und die Planer von »Ersatzstädten« sollten auf die Plätze ihrer Stadt gehen und die Menschen fragen, ob sie möchten, dass all das verschwindet und ersetzt wird.

6

Stadt umbauen

Vorher und Nachher liegen sich in dieser Straße in Bremerhaven-Wuls-dorf gegenüber. Zur Linken sieht eine Häuserzeile noch genauso aus wie vorher das gesamte Stadtviertel: schlichte dreistöckige Häuser mit schmutzigen Fassaden zwischen Ocker und Braun, davor etwas Abstandsgrün, dahinter einige Teppichklopfstangen und obendrauf nichts, was die Menschen hier als Dach bezeichnen würden. »Flachdachhausen« nannten sie die Gegend früher. Als die städtische Wohnungsgesellschaft Stäwog fragte, was die Bewohner sich bei einer Sanierung wünschen, nannten die an erster Stelle »ein richtiges Dach«. Das haben sie bekommen, wie die sanierte Häuserzeile gegenüber zeigt: Bis zu zwei Meter ragt ein Flugdach auf die Straße hinaus, und seine Holzbalken leuchten in knalligem Gelb. Diese Dächer sind das Symbol des Wandels. Aus einem Problemviertel, in dem fast jede vierte Wohnung leerstand, wurde ein soziales und ökologisches Vorbild. Und wie der Architekt Hans-Joachim Ewert errechnete, kostete die Sanierung weniger Energie und Geld, als die alten Häuser abzureißen und neue zu bauen.

Eine vorbildliche Sanierung[115]

Bevor wir uns der Modellrechnung von Hans-Joachim Ewert widmen, lohnt ein Rundgang durch das Quartier. In Bremerhaven stehen, auch als Spätfolge der Werftenkrise, fünftausend Wohnungen leer.[116] Trotzdem wollen manche neu bauen und Altes abreißen, und das drohte in den 1990er-Jahren auch dem Stadtviertel in Wulsdorf. Dort wohnten viele Menschen, die kein eigenes Einkommen erzielten, sondern von staatlichem Geld lebten, in Nachkriegsbauten der Fünfziger- und Sechzigerjahre mit schlichten Zeilenhäusern aus den Siebzigern. Doch Ewert sah die Lösung *nicht* im Abriss: »Wir wollten kein Verschiebebahnhof sein für die Menschen, die als Gastarbeiter im benachbarten Fischereihafen fleißig gearbeitet und ihre Miete pünktlich bezahlt haben«.[117] Die Häuser sind zwar keine herausragende Architektur, aber sie sind die Heimat für mehrere hundert Menschen. Eines der wichtigsten Ziele der Sanierung war denn auch, dass die Bewohner bleiben. Und tatsächlich: Trotz der Belastungen durch zehn Jahre Umbau, Staub und Lärm blieben vier Fünftel der ursprünglichen Mieter dort wohnen. Hans-Joachim Ewert sagt: »Mit Wulsdorf zeigen wir, dass eine Aufwertung auch ohne massenhaften Fortzug stattfinden kann.«

Wenn man mit ihm die Straßen entlanggeht, dann zeigt er zwar auch die Flugdächer, neue Fenster und gedämmte Fassaden. Aber er weist zudem auf ein Detail hin, das einem leicht entgeht – die Hecken. Wo früher nur eine Rasenfläche die Häuser umgab, grenzen heute niedrige Hecken einzelne Gärten ab. Seitdem sind die früher unbeliebten Wohnungen im Erdgeschoss sehr begehrt. Und so zeigt sich an vielen Stellen eine Planung für die Menschen:

▶ Hauseingänge erhielten Handläufe, die den Älteren das Gehen erleichtern.

- In einem Haus befindet sich »Die Wohnung«, in der Schülern bei den Hausarbeiten geholfen wird.
- Ein großer Holzpavillon ist die »Werkstatt«, in der Bewohner ihre Fahrräder flicken oder auf einer überdachten Bühne ein Stück aufführen.
- An einer Straßenecke entstand ein »Denk-Sport-Spiel-Parcours« zum Spielen und Bewegen für Jung und Alt.
- Im Inneren des zentralen Häuserblocks erreicht man einen Abenteuerspielplatz mit hölzernen Hütten, Palmen und Kamelen.

Der Umbau wurde mit dem Programm »Soziale Stadt« gefördert, und Bremerhaven-Wulsdorf füllt diesen Titel mit Leben. Vorbildlich zeigen das zwei besondere Wohngemeinschaften: In einer leben Demenzkranke zusammen, in der anderen minderjährige Mütter. Ihre Gärten aber grenzen direkt aneinander, denn so fühlen sich die dementen Menschen an früher erinnert. Solch fortschrittliche Nachbarschaft fand sich bislang nur in Skandinavien oder den Niederlanden.

Die »Soziale Stadt Wulsdorf« ist auch eine ökologische Stadt mit cleveren Ideen: Ein sogenanntes Stellfuchs-System befestigt die Wärmedämmung; dabei gleicht eine Art verstellbarer großer Dübel die Unebenheiten der Hauswand aus und spart dadurch Zehntausende Bohrungen. Glasplatten schließen die Balkone zu Wintergärten, die das Sonnenlicht fangen und darum auch »Sonnenfallen« genannt werden. Und die schicken Flugdächer schützen eine Wärmedämmung auf dem alten Dach. Auf einem der Häuser misst die Wohnungsgesellschaft Stäwog nun, wie der Wind weht, um vielleicht eine Windturbine draufzusetzen. Wulsdorf befindet sich auf dem Weg zum CO_2-neutralen Quartier, was die Versorgung mit Heizung und Warmwasser angeht. Am Ende dieses Weges steht die Vision einer Wohnsiedlung, die sich unabhängig von Konzernen *selbst* mit Energie versorgt. Für dieses Ziel betreibt die Stäwog bei anderen Wohnhäusern Blockheizkraftwerke, die mit Kraft-Wärme-Kopplung besonders effizient arbeiten: Sie erzeugen Strom aus Erdgas, und mit der dabei entstehenden Wärme heizen sie Wohnungen. Den Strom verkauft die Stäwog günstig an die Mieter.

Einige Häuser hat selbst die Stäwog abgerissen und die Grundstücke verkauft, so holte sie einen Teil der Umbaukosten wieder rein. Ansonsten aber ging Sanierung vor Abriss. Für Hans-Joachim Ewert und den damaligen Geschäftsführer Christian Bruns von der Stäwog hat es sich gelohnt, Wulsdorf zu sanieren. Sie erhielten dafür den »Bauherrenpreis vorbildlicher Wohnbau im Land Bremen«, der Abenteuerspielplatz erhielt den »Deutschen Spielraumpreis«, und der »Denk-Sport-Spiel-Parcours« wurde als vorbildlich »für aktives und selbstbestimmtes Altern« ausgezeichnet. Journalisten und Fachbesucher kommen hierher, und die Welt am Sonntag berichtete über das »Wunder von Wulsdorf«.[118]

Abreißen und neu bauen oder sanieren: eine Bilanz

Lob und Ehre sind schön, aber letztlich wird auch eine städtische Gesellschaft immer nach Zahlen gefragt. Und da sagt mancher, man solle lieber vermeintlich ökologische Passivhäuser bauen, während die schlichte Bauweise der Nachkriegszeit nicht die Sanierung lohne. Wäre in Wulsdorf also der Abriss besser gewesen? Der Neubau von Passivhäusern umweltfreundlicher? Vielleicht sogar günstiger? Für eine korrekte Antwort erstellte Architekt Hans-Joachim Ewert eine vergleichende Bilanz der Kosten und Energie. Als Beispiel diente ihm der Umbau eines Fünfzigerjahre-Zeilenbaus in der Bremerhavener Schillerstraße, einige hundert Meter von der Wuls-

Energiebilanz im Vergleich:
Sanierung vs. Abriss und Ersatzneubau

Energie-bilanz Schiller-straße	Kernstadt					Stadt-rand	Umland
	Altbau (1950er)	Sanierung +Anbau	Ersatz-neubau	Annähernd Passivhaus*	Passiv-haus**	Passiv-haus	Passiv-haus
Erstellung (graue Energie)	0 (Bestand)	14,2	37,5	50,0	50	50,0	50
Betrieb (nach EnEV)	292	56,6	54,4	33,5	15	15,0	15
Summe Erstel-lung + Betrieb	**292**	**70,8**	**91,9**	**83,5**	**65**	**65,0**	**65**
Verkehr (induzierte Mobilität)	25	25,0	35,0	35,0	35	47,3	75
Gesamtsumme Verbrauch Primärenergie	**317**	**95,8**	**126,9**	**118,5**	**100**	**112,3**	**140**

Berechnet von Hans-Joachim Ewert, Stäwog Bremerhaven, für einen Altbau aus den 50er-Jahren in Bremerhaven, Schillerstraße; Erläuterung und Kommentierung im Text, Zahlenwerte jeweils in kWh/m²a, Angaben für Passivhäuser berechnet mit Planungstool PHPP.

EnEV: Energieeinsparverordnung

* Referenz-Passivhaus exakt identisch in Lage/Ausrichtung mit Bestandsgebäude

**Wert nur erreichbar, wenn zugrunde gelegte solare Gewinne erreicht werden: optimale Gebäudeausrichtung in der Stadt schwierig.

dorfer Siedlung entfernt. Architekt Ewert fasste seine Ergebnisse in einer großen Tabelle zusammen, von der wir hier eine vereinfachte Fassung wiedergeben.

Das Ergebnis: Die Energiebilanz spricht umso deutlicher für eine Sanierung, desto mehr Aspekte sie berücksichtigt, die andernorts oft vergessen werden. Häufig schaut man nämlich nur auf den *Betrieb* eines Gebäudes, vor allem auf seinen Verbrauch an Heizenergie. Hier zeigt die zweite Zeile der Tabelle, dass ein Passivhaus tatsächlich günstiger liegt: Es verbraucht nur 15 Kilowattstunden pro Quadratmeter und Jahr, die sanierte Schillerstraße und ihr Anbau mit 56,6 Kilowattstunden dagegen fast das Vierfache. Allerdings betrifft dieser Vergleich ein ideales Passivhaus nach den Richtlinien des sogenannten Passivhaus-Projektierungspaketes PHPP mit optimaler Ausrichtung »auf freiem Feld«, das heißt, im Idealfall richtet man so ein Haus auf freier Fläche exakt nach Süden aus und fängt viel Sonne ein. Doch mitten in der Stadt, in der Schillerstraße mit ihren städtebaulichen Bedingungen, käme ein nur annähernd ideales Passivhaus bereits auf 33,5 kWh/m²a.

Erst recht ändert sich die Bilanz, wenn sie die Energie berücksichtigt, die Abreißen und Neubauen kostet. Beton und andere Baustoffe herzustellen *(Erstellung)* sowie Fenster und Türen einzubauen verbraucht sogenannte graue Energie. Bei ihr ist das Sanieren eines bestehenden Gebäudes deutlich günstiger, wie die erste Zeile zeigt, erst recht im Vergleich zum aufwendig gebauten Passivhaus. In der Summe von Erstellung und Betrieb (dritte Zeile) liegt der sanierte Altbau mit 70,8 kWh/ m²a nun besser als ein normaler Neubau und als das »annähernde Passivhaus«.

Nicht zuletzt erzeugt Bauen zusätzlichen *Verkehr*: In der Schillerstraße gibt es gerade einmal fünf Parkplätze für fünfzig Wohnungen. Das ist nur beim Altbau erlaubt, für einen Neubau müsste die Stäwog erheblich mehr Parkplätze bauen, vielleicht sogar eine Tiefgarage. Und wenn es Parkplätze gibt, dann fahren die Menschen mehr Auto. So aber kommen die Bewohner der Schillerstraße anders zurecht, und die Wohnungen sind trotzdem beliebt. Der erzeugte Verkehr (die »induzierte Mobilität«) eines Neubaus liegt natürlich noch höher, wenn dieser am Stadtrand oder im Umland liegt (vorletzte Zeile). Die dadurch verbrauchte Energie ist schwer einzuschätzen – die Werte der Tabelle nahm Ewert aus einem Schweizer Modell –, doch damit fällt die Energiebilanz für Erstellung, Betrieb, und Verkehr erst recht eindeutig aus: Die Sanierung verbraucht weniger Energie als Abriss und Neubau, sogar weniger als ein Passivhaus.

Als Vorbild für seine Bilanz nennt Hans-Joachim Ewert das von Forschern an der ETH Zürich formulierte Ziel einer »2000-Watt-Gesellschaft«, wonach jeder Mensch nur zweitausend Watt Energie im Jahr verbrauchen soll. Für die gesamte Erde trifft das ungefähr zu, doch in Deutschland und der Schweiz verbraucht derzeit jeder um die sechstausend Watt im Jahr. Dieser Wert soll bis zum Jahr 2050 auf ein Drittel sinken, und den Weg zum Ziel zeigt ein sogenannter Effizienzpfad Energie des Schweizerischen Ingenieur- und Architektenvereins (SIA).[119] Nach seinen Kriterien sollen sämtliche Gebäude der Schweiz verbessert werden. Die Energiebilanz berechnen die Schweizer Haus für Haus ähnlich wie im oben vorgestellten Modell: Erstellung, Betrieb und Mobilität gehen in die Rechnung ein, für jeden Neubau und jeden Umbau.

Eine solche Bilanz betrachtet den gesamten Lebenszyklus eines Gebäudes. Als Klimabilanz entspricht sie einem sogenannten CO_2-Fußabdruck. Wenn wir den für jedes Haus berechnen, dann würde dies vermutlich dazu führen, wie Immobilienexperte Thomas Beyerle sagt, dass »energetisch optimierte Bestandsbauten (…) gegenüber Neubauten im Vorteil sind«.[120]

Verschwenderischer Altbau, sparsamer Neubau?

Lobbyisten des Neubaus stellen Altbauten gern als Energieschleudern dar, doch das Gegenteil zeigt eine Studie der Arbeitsgemeinschaft für zeitgemäßes Bauen, deren Titel das Ergebnis vorwegnimmt: »Unsere alten Häuser sind besser als ihr Ruf«.[121] Oft wird der Verbrauch von Altbauten pauschal geschätzt, etwa anhand ihres Alters, und dann für typische Häuser behauptet, sie bräuchten 300 bis 400 Kilowattstunden je Quadratmeter und Jahr (kWh/m^2a) – also mindestens drei- bis viermal mehr, als heute bei Neubauten üblich ist. Aber als Forscher für diese Studie den tatsächlichen Ver-

Die richtigen Fragen zur Bilanz

Misstrauen wir den Beteuerungen, bei gerade *diesem* Altbau lohne sich eine Sanierung überhaupt nicht und gerade *jener* Neubau werde sich ganz bestimmt auszahlen, und stellen wir kritische Fragen:

▶ Reden wir über die gleichen Flächen? »Häufig werden die größeren Nutzflächen anstelle der reinen Wohnflächen genommen«, berichtet Architekt Hans-Joachim Ewert, man zählt also Flur oder Keller dazu, was dann niedrigere Kosten pro Quadratmeter ergibt.

▶ Haben wir an die Nachbarn gedacht? Wenn ein saniertes Haus das ganze Quartier belebt, zum Beispiel wenn eine leerstehende Fabrik sich zum Kulturzentrum wandelt, sollten wir auch die Gewinne der Nachbarn einrechnen, denn deren Häuser sind dann mehr wert. Für so eine Quartiersrechnung gibt es bisher keine Regel. Aber vielleicht lässt sich ähnlich wie bei städtebaulichen Maßnahmen berechnen, wie sehr der Wert aller Grundstücke steigt.

▶ Haben wir weit genug geblickt? Um den Umbau oder Neubau richtig zu bewerten, sollten wir die ganze Stadt oder sogar die Region anschauen. Zum Beispiel entsprechen den Gewinnen eines neuen Shoppingcenters die Verluste der benachbarten Händler.

brauch von fünftausend Häusern auswerteten, stellten sie fest, dass die im Durchschnitt nur 184 kWh/m²a verbrauchen. Viele Häuser wurden nun mal bereits saniert, und früher wurde besser gebaut, als wir heute glauben.

Dagegen schneiden neue Häuser schlechter ab als gedacht, wie eine weitere Studie der Arbeitsgemeinschaft zeigt.[122] Sechzig untersuchte Häuser verbrauchten 30 bis 50 Prozent *mehr* als das, was in der Theorie erwartet wurde. Dafür nennt die Studie drei Gründe: Baumängel, Fehler aufgrund komplizierter Technik und das Verhalten der Nutzer. So muss man in einem Passivhaus anders heizen und lüften: Seine Wände bestehen aus mehreren Schichten und heizen sich darum nicht so stark auf wie Mauerwerk. Die Bewohner vermissen die warme Ausstrahlung der Wände und »fühlen« eine Kälte, die es objektiv gar nicht gibt. Sie drehen die Heizung auf, obwohl die Luft warm ist. Die neue Ökobauweise verfehlt ihre theoretisch möglichen Sparziele, weil die Bewohner in der Praxis damit nicht klarkommen.

Kostenbilanz

Neben der Energiebilanz gilt es bei der Sanierung die Kosten zu bilanzieren. Und hier fällt die Bilanz bei der Schillerstraße noch deutlicher aus: Die Häuser abzureißen und stattdessen dort Passivhäuser zu bauen hätte 75 Prozent mehr gekostet, als sie zu sanieren (vgl. dazu Tabelle, Seite 80).

Abriss und neues Passivhaus hätten rund 2.100 Euro je Quadratmeter gekostet (vorletzte Zeile, rechte Spalte); bei einem herkömmlichen Neubau wären es immer noch 1.800 Euro gewesen. Die Sanierung kostete dagegen nur knapp 1.200 Euro je Quadratmeter. Obwohl es sich um ein Alltagsgebäude aus den Fünfzigerjahren handelt, das erheblich umgebaut werden musste, war das günstiger, als neu zu bauen. Und niedrige Kosten ermöglichen niedrige Mieten.

Obendrein blieben den Nachbarn Staub und Lärm erspart: Beim Abriss jedes der drei Häuser wären dreitausend Tonnen Bauschutt entstanden. Ein schwerer Lastwagen, ein Zwanzigtonner, wäre hundertfünfzig Mal vorgefahren, um den Bauschutt wegzubringen. Bei der Sanierung ging es erheblich sanfter zu. Bei ihr war es auch möglich, die Wohnungen altengerecht umzubauen: Vor die Häuserzeile stellte Architekt Ewert Laubengänge, die zu einem neuen Aufzug führen. Dadurch erreichen alle Bewohner ihre Wohnung barriere-

Kostenbilanz im Vergleich:
Sanierung vs. Abriss und Ersatzneubau/Passivhaus neu

Kosten Schillerstraße		Sanierung + Wohnungs- modernisierung Unbewohnter Zustand			Abbruch + Ersatzneubau		Abbruch + Passivhaus neu		
Kostengruppe der 1. Ebene*		Menge	Aus- führung	Kosten inkl. USt.	Kenn- wert BKI	Kosten inkl. USt.	Kenn- wert BKI	Kosten inkl. USt.	Einh.
Herrichten und Erschließen (200)	m³ BRI	4.263		Bestand	17	72.471	17	72.471	€/m³
Bauwerk – Baukonstruk- tionen (300)	m² BGF	1.883	414,92	781.296	599	1.127.852	720	1.355.745	€/m²
Bauwerk – Technische Anlagen (400)	m² BGF	1.883	126,52	238.239	148	278.684	167	314.461	€/m²
Bauwerk (200+ 300+400)	m² BGF	1.883	541,44	1.019.534	764	1.479.007	904	1.742.677	€/m²
Außenanlagen	m² AUF	1.173	33,68	39.506	62	72.726	62	72.726	€/m²
Baunebenkos- ten	m² BGF	1.883	50,66	95.400	110	207.130	110	207.130	€/m²
Verw. Leistungen	m² WFI	995	16,25	16.169	25	24.875	25	24.875	€/m²
Baufinanzie- rung	m² WFI	995	8,45	8.408	13	12.935	13	12.935	€/m²
Gesamtkosten Brutto				1.179.017		1.796.673		2.060.343	
Kennwert/ Wohnfläche brutto	m² Wfl	995		1.185		1.806		2.071	€/m²
Prozent teurer						50 %		75 %	

Berechnet von Hans-Joachim Ewert, Stäwog Bremerhaven, für einen Altbau aus den 50er-Jahren in Bremerhaven, Schillerstraße; Erläuterung und Kommentierung im Text, Kosten der Sanierung laut Abrechnung, Neubau laut BKI-Vergleichsbauten (Baukosteninformationszentrum)

BRI: Brutto-Rauminhalt; BGF: Brutto-Grundfläche; AUF: Außenfläche; WFI: Wohnflächenindex; Wfl: Wohnfläche

* nach DIN 276 werden zusammenhängende Kosten in Kostengruppen gegliedert; Kostengruppe 200 steht zum Beispiel für »Herrichten und Erschließen«, »Herrichten« umfasst auch Abbruchmaßnahmen

arm. Wie nebenbei entstand durch den Laubengang eine Art erweitertes Wohnzimmer, in dem sich die Mieter auf ein Schwätzchen treffen. Drinnen geht es hürdenlos weiter; zwar haben die alten Fußböden der Nachkriegsbauten Schwellen, doch neue Fußböden gleichen sie aus und dämmen den Schall.

Die Bilanz des Umbaus in Wulsdorf: Er spart Geld und Energie, die Menschen behalten ihre lieb gewonnene Umgebung und können dort selbst im hohen Alter wohnen bleiben.

Die Stadt ist schon gebaut

Wer aus seinem Einfamilienhaus hoch zum 18. Stock schaut, dem fehlt die Sonne, die dort den ganzen Tag scheint: im Märkischen Viertel in Berlin. Hier leben 35.000 Menschen, hier ist die Stadt. Wenn wir etwas gegen den Klimawandel tun können, dann nicht mit Öko-Musterhäusern in der Vorstadt, sondern in diesen großen Siedlungen.

Im Märkischen Viertel läuft bis zum Jahr 2016 das größte Modernisierungsprojekt im deutschen Wohnungsbau. Die landeseigene Gesobau saniert für über eine halbe Milliarde Euro über 13.000 Wohnungen: Handwerker stemmen alte Fenster raus, zersägen Heizrohre, bohren Löcher durch Betondecken. Dann montieren sie neue Fenster und legen neue Leitungen, packen außen zwölf Zentimeter Wärmedämmung auf die Fassade, dämmen oben das Dach und unten die Kellerdecken. Am Ende sollen die fünfzig Jahre alten Wohnhäuser ein Drittel weniger Energie verbrauchen, als selbst bei Neubauten heutzutage üblich ist, etwa 50 Kilowattstunden pro Jahr und Quadratmeter statt über 170 vor der Sanierung. Das Märkische Viertel soll dann nicht mehr 43.000 Tonnen des Treibhausgases CO_2 ausstoßen, sondern mit 11.000 Tonnen nur noch gut ein Viertel – der Name »Märkisches Viertel« bekommt eine neue Bedeutung.[123]

Wo bereits massenhaft Menschen wohnen, müssen wir entsprechend massiv sanieren: In den Großsiedlungen Deutschlands leben fünf Millionen Mieter in zweieinhalb Millionen Wohnungen.[124] Doch das Geld für ihre Modernisierung wird entwertet, wenn gleichzeitig an anderen Orten neu gebaut wird.

Zwischen Bestand und Neuem muss sich auch eine Wohnungsgesellschaft wie die Bremerhavener Stäwog entscheiden, sagt deren Architekt Hans-Joachim Ewert: »Wir haben nun mal nur ein bestimmtes Budget. Wenn wir an einer Stelle neu bauen würden, könnten wir an anderen Orten nicht sanieren. Also müssen wir uns fragen, was sich mehr lohnt, sowohl für uns als auch für die Umwelt.« Wir können uns sozusagen nicht Altbaustadt und Neubaustadt leisten. Neubau zerstört Altbau.

Zum Beispiel konkurriert das Märkische Viertel mit neuen Wohnhäusern in Hennigsdorf nördlich von Berlin oder in Karow im Nordosten. Wenn alle wegziehen, die sich ein Eigenheim vor der Stadt oder die schicker werdenden Quartiere der Innenstadt leisten können, bleiben in den großen Siedlungen nur die Menschen mit kleinem Geldbeutel zurück. Dann verschärft sich die soziale Trennung, und am Ende drohen Zustände wie in den französischen Banlieues und Ausschreitungen wie 2011 in den Londoner Stadtvierteln Tottenham und Brixton.

Wenn die Gutverdiener nicht in neu gebaute Eigenheime abwandern sollen, dann brauchen wir in unseren »Märkischen Vierteln« für verschieden dicke Portemonnaies verschieden große Wohnungen. Diese Vielfalt muss am selben Ort möglich sein: Zur sozialen Mischung gehört nicht nur, dass Leute mit weniger Geld in den angesagten Gründerzeitvierteln wohnen bleiben; es ist mindestens ebenso wichtig, dass auch Besserverdienende in den Großsiedlungen wohnen. Die sollten darum einige hochwertige Wohnungen bieten, man sollte vielleicht einige kaufen können, und das Image muss gut sein. Luxusappartements, Eigentumswohnungen und guter Ruf, das mag noch nicht nach dem Märkischen Viertel klingen. Doch viele Beispiele großer Siedlungen zeigen, dass so eine Aufwertung möglich ist.

Große Siedlung mit Status

Auf den ersten Blick denkt man vielleicht noch an ein Problemviertel: ellenlange Häuserzeilen, Wohnung an Wohnung. Doch dann erscheinen Touristen, die hier umherstreifen, fotografieren und sich in einem Café ausruhen. Ja, es ist tatsächlich eine große Siedlung, aber eine der ersten ihrer Art, und die UNESCO verlieh ihr sogar den Status des Weltkulturerbes: die Siedlung Siemensstadt in Berlin. Sie erhielt diese Ehre gemeinsam mit der Hufeisensiedlung und vier weiteren Ensembles der 1920er-Jahre in Berlin, und das sicher verdient, denn sie prägten die Baugeschichte durch ihre Architektur und viele gelungene Details. Aber es erstaunt, dass manche Häuserzeile in der Siemensstadt ähnlich schlicht daherkommt wie jene in Wohnsiedlungen der Fünfziger und Sechziger, in die sich bisher noch kein Tourist verirrt. Der Ruhm, den Siedlungen der Zwanzigerjahre ernten, hat seinen Ursprung zum Teil in unserem geschichtlichen Abstand. Doch auch mancher Architekt der Fünfzigerjahre gab sein Bestes, selbst wenn er mit weniger Geld und schlechterem Material arbeiten musste. Wir sollten anfangen, auch die Nachkriegsmoderne zu würdigen!

Zum Beispiel das Berliner Corbusierhaus. Es wird bereits bewundert, obwohl es mit seinen gewaltigen Maßen gut in das Märkische Viertel passen würde: 157 Meter lang, 17 Stockwerke hoch, eine kantige Kiste aus Beton mit über 550 Wohnungen. Sein Image war lange schlecht – 1957 für Sozialwohnungen gebaut und viele Jahre kaum gepflegt, kam es herunter und wurde abschätzig als

»Wohnmaschine« betitelt. Aber seit Anfang der 1980er-Jahre wandelte man die Mietwohnungen in Eigentum um, und inzwischen wohnen im Corbusierhaus unter anderem Ärzte, Anwälte und natürlich Architekten, die Le Corbusiers architektonische Ideen zu schätzen wissen. Nun sollte man auf keinen Fall alle Mietwohnungen im Märkischen Viertel in Eigentum umwandeln. Doch die Erfahrung des Corbusierhauses zeigt, dass Miteigentümer sich besonders um das historische Erbe kümmern, etwa in Freundeskreisen und Bürgervereinen.

So ähnlich geht es dem Hansaviertel: Dort stehen etwa zwanzig Hochhäuser mit bis zu 17 Stockwerken, in denen mehrere Tausend Menschen leben. Wäre nicht allgemein bekannt, dass es sich um Bauten berühmter Architekten handelt, die für die Internationale Bauausstellung 1957 planten, könnte man sich das Hansaviertel auch als Problemviertel vorstellen. Doch es steht ebenso unter Denkmalschutz wie das Corbusierhaus, seine Wohnungen sind begehrt, und seit 2012 bemühen sich seine Bewohner um den Titel des UNESCO-Welterbes.[125]

Welterbe Märkisches Viertel

Wer weiß, ob in zwanzig Jahren auch das Märkische Viertel zum Weltkulturerbe erklärt wird oder die Plattenbauten von Berlin-Marzahn? Manche Architekten werden es für ein Sakrileg halten, diese Orte ähnlich zu betrachten wie die Hufeisensiedlung. Sie werden auf die Unterschiede hinweisen, auf die Qualität der Architektur und die andere Größe. Doch sorgte auch die Zeit dafür, dass Siedlungen der klassischen Moderne positiv wahrgenommen werden. In zwanzig Jahren werden wir darum die Massensiedlungen der Sechziger und die Plattenbauten der Achtziger anders bewerten. Beginnen wir einfach schon jetzt mit der Umdeutung und behandeln Siedlungen so, als wären sie bereits Welterbe: Bieten wir Führungen an, eröffnen wir Infocafés, geben wir Bildbände und Kalender heraus, lassen wir Historiker die Geschichte erforschen!

So ähnlich gingen Berliner Architekturstudierende in Paderborn vor: Die Architekturhistorikerin Turit Fröbe ließ sie eine Woche lang den Ort entdecken.[126] Die jungen Stadtforscher befragten Paderborner nach ihren Lieblingsplätzen und ihren Alltagswegen. Die vermeintlich hässlichen Königsplätze erklärten sie kurzerhand zum »Wissenschafts- und Geschichtspark Paderborn« (WiGePaPaBo) und stellten dort Tafeln mit erfundenen Fakten auf. Mit solchen Mitteln entdecken die Paderborner unscheinbare Liebenswürdigkeiten ihrer Stadt, schreibt Turit Fröbe – und das könnten auch die Einwohner von Bremerhaven, Gießen oder Siegen.

Solche Städte werden oft genauso gering geschätzt wie manche Häuser; von *Bausünden* spricht man bei ihnen. Dagegen sieht Turit Fröbe eine »Kunst der Bausünde«: Sie fotografierte reihenweise Häuser, die auf so skurrile Weise gebaut oder umgebaut wurden, dass es schon wieder fasziniert. Mit humorvoller Distanz ruft sie dazu auf, die vermeintlichen Bausünden nicht abzureißen, denn »manches, was landläufig als Bausünde bezeichnet wird, ist nur aus der Mode geraten«.[127] Mit ihren Fotos würdigt sie unverstandene Architektur und »störende« Bauten und trägt dadurch dazu bei, sie anders zu bewerten.

Ein prominentes Beispiel für den Wandel einer großen Siedlung mit brachialer Architektur, die heute als Meilenstein der Baugeschichte gilt, sind die Olympiabauten in München. Heute leben dort achttausend Menschen, doch nach den Olympischen Spielen 1972 standen viele Wohnungen leer.[128] Die »Hochhäuser im Grünen« litten darunter, dass das Grün erst wachsen musste. Damals wurden mit dem Ende der Spiele auf einen Schlag viele Wohnungen frei, inzwischen sind diese so gefragt, dass man dort kaum noch mieten oder kaufen kann. Vor allem Eigentümer leben hier sowie knapp zweitausend Studenten. Wenn auch einige der bis zu zweiundzwanzig Stockwerke hohen Häuser monströs erscheinen, so werden ihre Bewohner doch entschädigt durch den Blick von oben über die Skyline Münchens bis zu den schneebedeckten Gipfeln der Alpen.

Die obersten Etagen solcher Hochhäuser eignen sich ideal für Dachwohnungen. Ins Penthouse steigen die Aufsteiger des Massenwohnungsbaus auch wörtlich genommen auf. Schon vor fünfzig Jahren krönten die Planer des Märkischen Viertels einige Dächer mit doppelstöckigen Atelierwohnungen für Künstler. In kräftigen Farben signalisieren sie weit sichtbar, dass sich hier gut leben lässt.

Leerstand füllen

In den vierzehn Etagen des Hochhauses Lyoner Straße 19 in Frankfurt-Niederrad wuselten vor vielen Jahren Büroarbeiter von früh bis spät zwischen ihren Schreibtischen, die Telefone klingelten, die Kopierer ratterten. Nur nachts und am Wochenende versank das Haus in dunkle Stille. Doch dann verödete es auch tagsüber, denn lange Zeit stand es leer, kein Licht leuchtete mehr hinter den Fenstern, keiner ging die Büroflure entlang. Heute aber flattern dort an einem heißen Sommertag die Jalousien hinter geöffneten Fenstern von 98 Wohnungen. Menschen gehen sogar am Sonntag ein und aus und stoppen für einen Schwatz mit ihren Nachbarn. Früher war dies eines von vielen leeren Bürohäusern in Frankfurt-Niederrad, heute sieht man hier den Beweis, dass wir, auch ohne neu zu bauen, genug Platz haben.

Der Platz ist da

In den 19 größten deutschen Bürostandorten stehen mehr als acht Millionen Quadratmeter leer![129] Dennoch werden allein dort jedes Jahr etwa zwei Millionen Quadratmeter Bürofläche neu gebaut. Nehmen wir nur Frankfurt am Main: Dort stehen anderthalb Millionen Quadratmeter Büros leer;[130] sie ließen sich in zwanzigtausend Wohnungen von je 75 Quadratmetern umnutzen. Was in Frankfurt angeblich an Wohnraum fehlt, ist also eigentlich schon da.

Ein Umbau verlangt viel: Es erfordert geschickte Architekten, um ehemalige Büros in gut geschnittene Wohnungen umzuwandeln; es braucht fähige Techniker, um die unterschiedlichen Anforderungen bei Statik, Brandschutz, Aufzügen und Fluchtwegen zu meistern; schließlich müssen Finanzexperten clever rechnen, damit sich der Umbau lohnt. Manche meinen gar, das klappt nur dank der im Bürohaus bereits vorhandenen Tiefgarage oder wegen der vielen Etagen eines Hochhauses, die bei einem Neubau vielleicht nicht erlaubt würden. Aber manchmal winken den Investoren höhere Mieten: Nur etwa zehn Euro je Quadratmeter kosten Büros in Frankfurt-Niederrad, bis zu vierzehn Euro bringen die neuen Wohnungen in der Lyoner Straße 19.[131]

Deren Beispiel folgen nun weitere: 2014 sind bereits 1.400 Wohnungen geplant oder im (Um-)Bau.[132] Jetzt wohnt mancher in Niederrad nur wenige Meter von seiner Arbeit entfernt und erfüllt sich den Traum einer Stadt der kurzen Wege. Zu einem gemischten Quartier für Arbeiten und Wohnen möchten Frankfurter Politiker und Stadtplaner die Bürostadt Niederrad wandeln und vielleicht sogar Familien mit Kindern dorthin locken. Eines Tages könnten bis zu sechstausend Menschen hier leben. Darin erkennen auch Eigentümer und Mieter eine Chance und gründeten die Standortinitiative Neues Niederrad. Mehrere hunderttausend Quadratmeter leerstehende Büros förderten das Umdenken.

Leerstand hat viele Gründe

Leerstand ist nicht verboten. Jeder darf seine Läden, Wohnungen und Häuser leerstehen lassen, selbst wenn er dadurch der Nachbarschaft schadet. Aber schadet mancher nicht auch sich selbst? Schließlich ist Leerstand teuer, und trotzdem stehen in Deutschland über acht Millionen Quadratmeter Büros leer. Nehmen wir einmal an, man vermietete sie zu bescheidenen zehn Euro pro Monat, dann brächten sie eine Milliarde Euro ein – pro Jahr! Doch mancher Vermieter macht eine andere Rechnung auf und lässt aus drei Gründen Räume leerstehen: So spekulieren Eigentümer darauf, ihr Haus später einmal teurer vermieten zu können, verschlafen aber in Wirklichkeit nur die Zeit. Oder sie spekulieren darauf, sie könnten ein leerstehendes Haus besser verkaufen oder gar abreißen als ein vermietetes.

Schließlich fördert ein tückisches Detail des Finanzwesens Leerstand: Bei der Bewertung einer leerstehenden Immobilie geht man von einer theoretisch erwarteten Miete aus und schreibt oft unrealistisch hohe Zahlen in die Bücher. Sobald der Vermieter diese Traumzahlen durch reale Werte ersetzt, indem er günstiger als geplant vermietet, muss er seine Zahlen korrigieren. Dieser Verlust bedroht den Eigentümer wirtschaftlich oder schreckt ihn zumindest so sehr, dass er weiter leerstehen lässt.

Wie überall in der Wirtschaft gibt es nun mal auch beim Bauen Gewinner und Verlierer. Letztlich liegt Leerstand im System begründet: Es gehört zum Kapitalismus, dass beim Streben nach Gewinn mancher verliert. So bauen manche Investoren auf Risiko und haben anfangs noch keinen Mieter. Wenn die Wirtschaft ausgerechnet während des Bauens schwächelt, kann das Wagnis schiefgehen, und so sehen einige Bürohäuser vom Bau bis zum Abriss keinen einzigen Mieter. Im Wettbewerb der Investoren hat sich einer einfach als der Schwächere erwiesen, weshalb ein Bürohaus auf der Strecke bleibt. Das beflügelt sogar die Bauwirtschaft – die zentralsten Grundstücke werden alle paar Jahrzehnte abgeräumt und neu bebaut, höher und dichter. Die Stadt *erfindet* sich immer wieder neu, lautet die freundliche Beschreibung, anders formuliert heißt das nichts anderes, als dass sich die Stadt immer wieder neu *zerstört*.

Wie bei Büros liegt der Grund für den Leerstand auch bei Wohnungen teilweise in der Spekulation. Leere Häuser lassen sich besser verkaufen als vermietete, weil man sie luxussanieren kann. Doch Leerstand entsteht auch dadurch, dass Reiche eine Zweit- oder Drittwohnung in Berlin und anderen Boomstädten kaufen, als Prestigeobjekte, in denen sich kein Mensch aufhält außer gelegentlich die Putzhilfe. Teuerste Wohngegenden sind menschenleer. Bisher gibt es eine Residenzpflicht nur für Asylsuchende. Wie wäre es stattdessen mit einer Residenzpflicht für Reiche, damit die Stadtviertel nicht veröden?

Leerstand hat viele Gesichter

Wer über die Kaiser-Wilhelm-Brücke in Wilhelmshaven fährt, sieht am Ufer ein monumentales Kraftwerk, die Südzentrale: Sie reckt zum Wasser hin eine Giebelfront aus Backstein, in der fünf schmale Fensterbänder die Senkrechte betonen. Aber wenn man näher kommt, erblickt man kaputtes Glas und überwucherte Mauern. Mehr als hundert Jahre steht das Werk schon dort, doch in den letzten zwanzig Jahren ging es ihm schlecht – seit 1993 lassen es die Eigentümer leerstehen und verfallen. Jetzt behaupten sie, eine Sanierung rechne sich nicht, und drohen mit Abriss.[133]

Die Südzentrale ist kein Einzelfall, allerorten finden sich leere Hallen, riesige Fabriken, imposante Backsteinbauten. Sie umzubauen kann besonders knifflig sein, denn manchmal verbergen sich Schadstoffe in den Mauern oder im Boden. Aber nicht nur rationale Gründe erschweren es, die Werkshallen neu zu nutzen. Sozialdemokratische Stadtobere zögern naturgemäß, sich endgültig vom Industriezeitalter zu verabschieden, und vielfach halten Planer und Politiker an alten Zeiten fest und schreiben Industrie vor, wo schon lange keine Maschine mehr brummt. Dabei gibt es originelle Beispiele, alte Hallen neu zu beleben:

▶ Ein Straßenbahndepot in Berlin-Moabit wurde zum Oldtimer-Haus Classic Remise. Dort stehen liebevoll gepflegte Oldtimer in gläsernen Parkboxen, rundherum haben sich Werkstätten angesiedelt, und man kann hier Kongresse veranstalten oder Feste feiern. Ähnliche Oldtimer-Schauhäuser entstanden in einem Ringlokschuppen in Düsseldorf, in einem Flughafen in Böblingen und in einer Frankfurter Landmaschinenfabrik.

▶ Als Essen 2010 die Kulturhauptstadt Europas war, bildete die Zeche Zollverein den inoffiziellen Regierungssitz. Die UNESCO erhob die Zeche zum Welterbe, Designer und Künstler arbeiten hier, und Touristen besuchen das Designmuseum im einstigen Kesselhaus und das Ruhr Museum in der Kohlenwäsche.

▶ In Berlin-Oberschöneweide lernen heute Studenten im ehemaligen Kabelwerk: Die Hochschule für Technik und Wirtschaft baute es zum Campus Wilhelminenhof aus mit Mensa und Hörsälen für fünftausend Studierende.

▶ Lärm ist in großen und entlegenen Hallen kein Problem, darum dienen einige als Proberäume für Musiker. So auch das Berliner Orwohaus, wo die Firma Orwo zu DDR-Zeiten Filme und Kassetten produzierte; heute proben dort auf viertausend Quadratmetern zweihundert Bands.[134]

Nur selten entstehen Wohnungen in leeren Fabriken, wenn nebenan weiterhin Firmen produzieren. Diese fürchten nämlich, dass die neuen Bewohner gegen Lärm klagen könnten. Doch heutzutage macht nur wenig Gewerbe so viel Lärm und Schmutz, dass daneben nicht gewohnt werden könnte. Es lohnt sich häufig für die Eigentümer, Fabriken zu Wohnungen umzunutzen, denn dann liegen die Mieten erheblich höher. Wo aus einer großen Halle viele kleine Lofts werden, kann sich der Wert verdreifachen; zudem gibt es bei denkmalgeschützten Fabriken oft Zuschüsse. Wie sich der Umbau auf die Atmosphäre eines Viertels auswirkt, beschreibt die Journalistin Martina Vetter mit dem Begriff »Soho-Effekt«: In Amsterdam nutzen Architekten, Künstler und Designer eine ehemalige Schiffswerft, und dadurch wurde das ganze Stadtviertel hip.[135]

Mehr Platz in Schulen, Kirchen und Kasernen

Leere Fabriken, Wohnungen und Büros sind nur drei von schier unübersehbar vielen Typen von Leerstand. Einige weitere typische Fälle seien hier genannt, bei denen derzeit besonders viel Platz frei wird. So zogen die Alliierten seit der Wiedervereinigung ihre Truppen aus Deutschland ab, und auch die Bundeswehr verkleinerte sich. 1990 gab es hierzulande noch anderthalb Millionen Soldaten der verschiedenen Armeen, zwanzig Jahre später sind es nur noch rund 300.000. Dazu zogen die Familien der Briten, Amerikaner und Franzosen weg. Gleichzeitig gab der Bund achthundert Quadratkilometer ehemalige Militärflächen ab, eine Fläche fast so groß wie Berlin.[136] 2011 sagte der Verteidigungsminister, dass in den nächsten Jahren etwa ein Fünftel der über dreihundert Bundeswehrstandorte ganz oder großteils geschlossen wird.[137] Ab 2014 will der Bund weitere hundertfünfzig Quadratkilometer Kasernenfläche abgeben, dazu kommen über zweihundert vom britischen und amerikanischen Militär.[138] Die Briten werden ihre Truppen bis 2020 fast komplett aus Deutschland abziehen und dabei zwanzig Kasernen sowie 7.000 Wohnungen räumen, dazu kommen 4.500 Wohnungen der Amerikaner.

Um erheblich kleinere Flächen geht es bei den Kirchen, aber immerhin müssen etwa dreitausend evangelische Kirchen aufgegeben werden, und bei den Katholiken sind es etwa siebenhundert, schreibt der Journalist Friedhelm Ruf in seinem Text »Wenn Gott die Koffer packen muss«.[139] Immer weniger Menschen gehören den christlichen Kirchen an, weshalb diese zu viele Gebäude haben. Hierbei handelt es sich oft um sehr ungewöhnliche Räume, und dort ziehen dann ganz verschiedene Mieter ein: Das *Restaurant* »Glück und Seligkeit« in Bielefeld lädt zum Speisen in das ehemalige Kirchenschiff der Martinikirche; die Kirche St. Agnes in Berlin-Kreuzberg wurde zur *Kunstgalerie*; im Mönchengladbacher St. Peter entstand eine *Kletterkirche*, in der kleine und große Bergsteiger trainieren. Manchmal bleibt vom großen Kirchenraum zumindest eine kleine Kapelle. Wenn Kirchen schließen, dann geht es nicht nur um die sakralen Räume, sagt Jörg Beste, Experte für die Umnutzung von Kirchen: Bedroht werden auch Gemeinderäume und Jugendzentren.[140] Dann fehlt den jungen Menschen ein Treffpunkt in der Nachbarschaft.

Weil weniger Kinder und Jugendliche in Deutschland leben, werden Schulen überflüssig: 2.246 weniger wurden es innerhalb von fünf Jahren bis 2009, sagt das Bildungsministerium.[141] Wie man diese frei werdenden Räume neu nutzen kann, zeigt ein Beispiel aus Hannover. Dort verwandelte sich eine ehemalige Schule in der Südstadt in sechzehn Wohnungen.[142] In ein- bis dreigeschossigen Bungalows und Pavillons aus der Nachkriegszeit lernten früher Kinder, heute schlafen und kochen dort die Bewohner. Sie nutzen auch eine ehemalige Bibliothek und sogar eine Turnhalle. Die unterteilten die Architekten in vier schmale Wohnungen auf drei Ebenen.

Trotz guter Beispiele stehen nach wie vor viele Orte leer: verlassene Kasernen von der Nordsee bis zu den Alpen, verödete Plattenbauten im Osten Deutschlands, leere Bürohäuser in Frankfurt am Main. Und oft wissen wir nicht einmal, wie viel leersteht.

Leerstand erfassen

Das Ruhrgebiet gibt es nicht. Dicht an dicht drängen sich Wohnsied-
lungen und ehemalige Zechen, ziehen Autos und Züge ihre Schneisen
quer hindurch, zwitschern Vögel in kleinen Wäldern und laufen Hasen
über Industriebrachen. Doch all das verteilt sich auf 53 Städte und
Kreise, die miteinander konkurrieren. Baut hier eine Gemeinde einen
Gewerbepark, fürchtet dort der Nachbar um Investoren und verwandelt
ebenfalls Wiesen in Baugebiete. Kein Wunder, dass bei so viel Neubau
immer mehr Büros und Hallen leerstehen. Doch ausgerechnet mit die-
sem Leerstand könnte eine neue Gemeinsamkeit beginnen: Planer schlu-
gen vor, alle leerstehenden Häuser und Brachen zu erfassen und sie zu
einer »54. Stadt« des Ruhrgebiets zu erklären![143] Sie würde gemeinsam
bewirtschaftet, also ohne Streit unter den Nachbarn. Wovon viele ge-
träumt haben, würde ausgerechnet bei leeren Altbauten Wirklichkeit:
Der Ruhrpott als geeinte Metropole – das Ruhrgebiet gibt es doch.

Was läge näher, als alle leeren Räume einer Stadt zu erfassen, um sie
dann neu zu nutzen, so wie es jetzt im Ruhrgebiet diskutiert wird?
Städte sollten schon deswegen über leerstehende Bauten Bescheid
wissen, um Verfall zu verhindern. Doch es ist erstaunlich: Zwei
Drittel der deutschen Städte und Gemeinden wissen nicht, wie
viele Häuser, Wohnungen oder Büros bei ihnen leerstehen. Gerade
mal ein Viertel der Kommunen hat zumindest einen Teil des Leer-
stands erfasst, nur jede achte kennt ihn komplett, sagt eine Studie
des Bundesinstituts für Bau-, Stadt- und Raumforschung.[144] Viele
Städte erlauben Neubau und wissen nicht einmal, wo es in Altbauten noch Platz gibt!

Es ist sogar umstritten, wie viele Wohnungen in Deutschland
leerstehen: Das Forschungsinstitut Empirica nannte 653.000 Leer-

stände für 2013 oder 3,1 Prozent aller Geschosswohnungen, klammerte aber sogenannte Ruinen aus;[145] das Statistische Bundesamt bezifferte den Anteil leerstehender Wohnungen nach dem Zensus 2011 mit 4,4 Prozent, zählte auch rund 600.000 leere Wohnungen in Eigenheimen und kam so auf 1,8 Millionen leerstehende Wohnungen in Deutschland – genug Platz, um sämtliche Berliner dort unterzubringen. Es gibt also genug Raum, aber es ist nicht klar, wie viel genau und an welchen Orten.

Zwar kennen gewerbliche Makler viele der leerstehenden Büros oder Wohnungen, weil sie die an neue Mieter vermitteln möchten. Doch kein Eigentümer beauftragt einen Makler, wenn er sein Haus gar nicht neu vermieten, sondern abreißen und neu bauen will.

Dieses Schicksal drohte auch dem Hamburger Gängeviertel, aber die dort arbeitenden Künstler konnten es abwenden. Aus ihrem Umfeld heraus wurden die Leerstandsmelder gegründet: Auf Stadtkarten im Internet kann man echten oder vermuteten Leerstand »melden«. Die Angaben sind manchmal ungenau, einige Formulierungen bewegen sich nah an der Rufschädigung, und die Profis lächeln darüber, aber selbst sie schauen dann doch mal hinein.[146] Es geht hier weniger um eine Handelsplattform, obwohl tatsächlich manche Vermieter ihre leeren Läden dort einstellen, als um eine Art Protest gegen Leerstand. Und der wächst, denn die Portale gibt es inzwischen für zwanzig Städte. Für Berlin meldet die Plattform über fünfhundert Leerstände, für Hamburg über achthundert. Im historischen Zentrum von Lissabon stehen sogar rund fünftausend Häuser leer, heißt es auf der Website Agulha num Palheiro (»Nadel im Heuhaufen«), die einige dieser Häuser vorstellt und auf diese Weise dazu beitragen möchte, neue Nutzer zu finden, die diese Häuser renovieren und im Stadtzentrum leben wollen.[147]

Eigentum verpflichtet

Manchmal wird behauptet, dass nur leerstehe, was man nicht sanieren könne. Wie hohl das Argument zuweilen ist, zeigte eine Aktion der ironisch betitelten »Goldgrund Immobilien« in München: Als Gorillas verkleidet, renovierten Aktivisten eine Wohnung in einem leerstehenden Haus an der Müllerstraße. Den YouTube-Film dazu haben sich bereits 190.000 Leute angeschaut.[148] Der Eigentümer änderte daraufhin seine Pläne – es handelte sich um die Stadt München.

Einige Eigentümer möchten zwar nicht *dauerhaft* vermieten – aber zumindest *zwischenzeitlich*. Solch eine Nutzung interessiert viele Künstler, die wenig Miete zahlen können, oder Existenzgründer, die testen wollen, ob ihr Konzept aufgeht. Zwischennutzer pflegen und beleben Büros und Ladenlokale, darum fördern oder organisieren öffentliche Stellen die zeitweiligen Vermietungen: In Wuppertal gab es eine Zwischennutzungsagentur in einem Gründerzeitviertel, in dem mehr als dreihundert Läden leerstanden. Die Bremer Zwischenzeitzentrale sucht Nutzer auch für außergewöhnliche Orte wie eine ehemalige Zollabfertigung am Hafen oder Räume des Zolls auf einem Ponton im Wasser. Kommerzielle Vermittler von Zwischennutzungen gibt es für sogenannte Pop-up-Stores: Läden, die nur kurze Zeit aufmachen, manchmal zehn Wochen, manchmal sogar nur zehn Minuten.[149] Damit testen Modemarken, wie gut sie an einem Ort ankommen. Auch die Pop-up-Stores dienen dazu, leerstehende Ladenlokale für eine Weile zu füllen.

Häuser zu nutzen und dadurch vor Verfall und Abriss zu schützen ist ebenso die Idee der Leipziger »Wächterhäuser«. Ganze Gründerzeithäuser werden von Zwischennutzern bewohnt und bewacht, den sogenannten Hauswächtern. Engagierte Leipziger gründeten dafür 2004 den Verein HausHalten e.V., der zwischen Eigentümern und Hauswächtern vermittelt: Die Eigentümer überlassen dem Verein für fünf Jahre das Nutzungsrecht an ihrem leerstehenden Gebäude.[150] Dort können Menschen Räume nutzen, wenn sie die Betriebskosten zahlen und sich darum kümmern, dass der Rest des Hauses in Schuss bleibt. Zu den Nutzern gehören Künstler und Theaterfreunde, deren Ateliers und Bühnen auf das ganze Stadtviertel ausstrahlen. Nach dieser Idee vermittelt der Verein auch »Wächterläden«, etwa für Kunstgalerien in Ladenlokalen. Das Modell der Hauswächter inspirierte die Gründung von ähnlichen Vereinen in Erfurt und Dresden. Die Leipziger erhielten 2011 den höchsten deutschen Denkmalschutz-Preis. Bei sogenannten Ausbauhäusern gehen sie noch weiter und vermitteln Bewohner, die diese Häuser modernisieren.

Leider gibt es auch Beispiele für das Gegenteil, nämlich für den absichtlichen Verfall. Dazu zählten womöglich die Hamburger Esso-Häuser, die ihren Namen einer Esso-Tankstelle verdanken, zwei achtstöckige Häuser aus den Sechzigerjahren mit über hundert Wohnungen. Einige Mieter stritten bereits jahrelang mit den Eigentümern, ob die Häuser genug gepflegt werden, und irgendwann wurden Pläne bekannt, alles abzureißen.[151] Kurz vor Weihnachten 2013 ging plötzlich alles sehr schnell: Einsturzgefahr! Von einem Tag auf den anderen mussten alle Bewohner ihre Wohnungen verlassen. Damit wurde für den Eigentümer Bayerische Hausbau das Feld frei, einen Neubau zu errichten, der vermutlich größer und für ihn rentabler wird.[152]

Wie kann man verhindern, dass Häuser derart verfallen und dann abgerissen werden? Eigentlich ist jeder Eigentümer verpflichtet, sein Gebäude instandzuhalten. Es hilft ihm auf die Sprünge, jeglichen Verstoß sofort zu ahnden, aber leider zögern manche Städte, hier hart durchzugreifen. Wenn Mieter im Haus sind, dann stehen die Chancen besser. Mieter können die Miete mindern, wenn etwas nicht richtig funktioniert, und im Notfall sogar einen Mangel auf Kosten des Vermieters selbst beheben. Auch darum gilt: Verhindern wir Leerstand, dann verhindern wir Abriss. Leeren Häusern droht der schleichende Verfall. Wenn ein Eigentümer sein Wohnhaus zwanzig Jahre lang leerstehen lässt und mit geöffneten Fenstern und Türen nachhilft, dann ruiniert er jedes noch so solide Haus.

»Schrottimmobilien«

Eigentlich passt der Begriff nicht, denn ein Haus ist kein Schrott, sondern lässt sich sanieren und wieder bewohnen. Trotzdem bezeichnet man als »Schrottimmobilien« jene Häuser, die so lange leerstanden und verfielen, dass nun entweder der Abriss naht oder die letzte Gelegenheit, sie zu retten. Wie kommt es eigentlich zu so einem Drama, und wem gehören solche Gebäude? Selbst kommerzielle Investoren hatten womöglich zunächst nicht vor, ihre Immobilie verfallen zu lassen. Aber sie besitzen teilweise viele Gebäude und stecken ihr Geld dorthin, wo es sich am meisten lohnt, sodass für andere wenig übrig bleibt, beschreibt Guido Spars von der Universität Wuppertal.[153] Ihm zufolge gehören drei Viertel aller Gebäude in Deutschland privaten Eigentümern. Darunter sind *Erbengemeinschaften*, die sich nicht einigen können und darum ein Haus verfallen lassen. Und dann gibt es jene *Einzeleigentümer*, die betrogen wurden, etwa Zahnärzte aus Sindelfingen, die nur nach Prospekt für hunderttausend Euro eine Wohnung in Bremerhaven-Lehe kauften, weil so ein Betrag in Baden-Württemberg nach einem Schnäppchen klingt. Leider liegt der Wert einer solchen Wohnung in einem verfallenen Haus in Bremerhaven eher bei null.[154] Das wollen manche der so Betrogenen sich ungern eingestehen und blockieren darum Sanierung oder Verkauf.

Ein ministerieller »Leitfaden Schrottimmobilien« zeigt Auswege, auch wenn einige eher zum letzten Weg der Häuser weisen, wenn etwa der Eigentümer verpflichtet wird, für das Zumauern von Fenstern zu zahlen oder gar für den »Rückbau«, also den Abriss.[155] Der Leitfaden berichtet jedoch auch davon, dass manche ihr Eigentum freiwillig aufgaben und einige wenige enteignet wurden.

Eine neue Chance für Häuser zeigt das Projekt *Klushuizen* in Rotterdam: Die Stadt kauft verfallene Gebäude und vergibt sie für wenig Geld (oder umsonst) an Erwerber, die sich im Gegenzug verpflichten, die Häuser zu sanieren und selbst darin zu wohnen. Ob das auch in Deutschland möglich wäre, prüft im Jahr 2015 die Landesinitiative Stadtbaukultur NRW.[156] Ein Haken wäre vielleicht, dass den wirtschaftlich schwachen Gemeinden das Geld fehlt, marode Häuser zu kaufen. Zumindest aber haben Kommunen in bestimmten Gebieten ein Vorkaufsrecht für Grundstücke. Außerdem haben die Bauverwaltungen in Nordrhein-Westfalen seit 2014 ein neues Druckmittel gegen Eigentümer: Wenn sie unhaltbare Zustände in Wohnhäusern feststellen, können sie ein Bußgeld von bis zu fünfzigtausend Euro verhängen.[157]

Häuser besetzen, Leerstand managen

Wenn so viel probiert wird, um Leerstand zu verhindern, aber dann trotzdem so viele Gebäude leerstehen, verfallen und abgerissen werden, kann man die Geduld verlieren und einen radikalen Ausweg suchen. Eine klare Lösung wäre ein Bauverbot, denn ohne die Konkurrenz neuer Bauten lassen sich alte Häuser besser vermarkten und vermieten. Je weniger Neubau, desto weniger Leerstand.

Radikale Lösung Nr. 2 sind Hausbesetzungen. Die gehörten in den 1970er-Jahren zur deutschen Protestkultur: In Frankfurt und

West-Berlin standen Hunderte Häuser leer, woraufhin Menschen zur illegalen Selbsthilfe griffen. In der Hochphase um 1980 waren allein in Berlin rund 170 Gebäude besetzt. Viele der Besetzungen wurden später dauerhaft legalisiert, und in manchen leben heute Anwälte und Richter. Gleichzeitig aber werden dort seit 1981, der sogenannten Berliner Linie folgend, neu besetzte Häuser umgehend geräumt.

Lange Zeit schienen diese Hausbesetzungen Geschichte zu sein. Doch nun drehen sich wieder viele Diskussionen um Miete und Wohnen – und die Hausbesetzer kommen zurück. Inzwischen hat sich die Einstellung der Gesellschaft ihnen gegenüber offenbar geändert: So berichtete in Oldenburg die lokale Nordwest-Zeitung, nicht gerade ein Hort linker Gesinnung, mit einer gewissen Sympathie über die Besetzung leerstehender Häuser. Und selbst in der konservativen Frankfurter Allgemeinen Zeitung schreibt Helmut Schwan, die politisch Verantwortlichen hätten es »vielleicht zu lange dem freien Spiel der Kräfte überlassen, wie sich möglichst viele in einer Stadt wohlfühlen können«.[158] Die Besetzungen von heute seien weniger ein »Ausdruck eines neuen Lebensgefühls« wie in den Siebzigerjahren; auf Schwan wirkten sie vielmehr ziemlich rational.

Pragmatisch gingen die Niederlande lange Zeit mit Hausbesetzungen um und legalisierten einige nachträglich: Wenn ein Haus mindestens ein Jahr leergestanden hatte, dann wurden Besetzer, die *Kraaker*, von Rechts wegen geduldet. Die Eigentümer konnten sie nur schwer wieder loswerden und achteten darauf, ihre Häuser zu sichern oder eben zu vermieten. Seit 2010 aber sind Hausbesetzungen auch in den Niederlanden illegal.

Leerstandsmanagement

Ein leerstehendes Haus lockt Sprayer an, Einbrecher oder Randalierer. Tauben erobern das Dach und Ratten den Keller. So verschlechtert *ein* verfallendes Haus das Image der Straße, und *viele* leere Häuser ziehen ein Stadtviertel runter. Einige Städte organisieren darum ein »Leerstandsmanagement«: Sie erfassen den Leerstand, beraten die Eigentümer und versuchen, neue Nutzer zu vermitteln. Doch auch private Anbieter nutzen den Begriff »Leerstandsmanagement«.

Die Firma Camelot vermittelt leerstehende Häuser auf Zeit. Seit 2010 auch in Deutschland aktiv, war das Geschäft ursprünglich ein Gegenmittel für Hausbesetzungen in den Niederlanden, wo es darum »Anti-Kraak« heißt. Camelot vermietet leerstehende Wohnungen, Büros, Fabriken und sogar Kirchen, Schlösser und ehemalige Flugplätze[159] – europaweit im Jahr 2014 an über zehntausend »Hauswächter«, davon vierhundert in Deutschland.[160] Befürworter begrüßen diese Zeitvermietung, weil leere Räume genutzt werden. Kritiker bemängeln, dass dabei Mieterrechte ausgehebelt werden und ein grauer Vermietungsmarkt entsteht, der zumindest in den Niederlanden seine Schattenseiten hat: Die Verträge der Zwischennutzer können mit einer vierwöchigen Frist gekündigt werden, und die Verwalter dürfen unangekündigt mit einem eigenen Schlüssel die Wohnungen betreten.[161] Weil die Miete für eine Zwischennutzung aber so niedrig liegt, sind diese Wohnungen dennoch sehr begehrt. Zwischenmieter wohnen teilweise für nur zweihundert Euro im Monat in Paris oder London.

Wie Amsterdam Leerstand bekämpft

In den Niederlanden finden wir noch mehr überraschende Wege, den Leerstand zu bekämpfen. Im Jahr 2004 fürchtete die Stadt Amsterdam einen dramatisch großen Leerstand von Büros, denn von damals rund sieben Millionen Quadratmetern standen bereits zwölf Prozent leer. Doch damit nicht genug: Zusätzlich planten Investoren neue Bürobauten mit dreieinhalb Millionen Quadratmetern. Daraufhin schuf die Gemeinde die Stelle eines Büromarktlotsen, des *Kantorenloods*. Paul Oudeman und sein Team sammeln seit 2006 Informationen zu leerstehenden Gebäuden und zeigen sie mit einer Karte auf ihrer Website. Außerdem seien sie dazu da, »den Menschen zu helfen«, sagt Oudeman. Er berät Investoren, damit sie neue Mieter gewinnen oder ihre Gebäude umnutzen. Allein in den Jahren 2012/13 wurden in Amsterdam rund 200.000 Quadratmeter Büros umgenutzt,[162] vor allem zu Hotels oder Studentenappartements. Die Stadt weist jetzt zudem weniger Baugebiete aus. Viele Investoren haben inzwischen vom Leerstand gehört und schrecken vor neuen Bauplänen zurück. So sank die Fläche geplanter Bürobauten in den letzten sieben Jahren von dreieinhalb Millionen Quadratmetern auf eine halbe Million.

Inzwischen hat der Amsterdamer Büromarktlotse neue Möglichkeiten, um auch gegen uneinsichtige Eigentümer vorzugehen.[163] Dabei hilft seit 2011 ein neues Leerstands-Gesetz, auf dessen Grundlage Gemeinden wie Amsterdam eine Leerstands-Verordnung erlassen haben, die drei Schritte vorsieht: Als Erstes muss jeder Eigentümer spätestens nach drei Monaten den Leerstand seiner Immobilie melden. Als Zweites spricht der Büromarktlotse mit ihm darüber, was er tun kann, was in den auf Ausgleich bedachten Niederlanden viele Monate dauern kann. Falls die Gespräche dennoch scheitern, könnte die Stadt einen dritten Schritt gehen – sie dürfte dem

Eigentümer einen geeigneten Mieter zuweisen! Laut Paul Oudeman wäre dies zum Beispiel sinnvoll, wenn in einem Gebiet drei von vier Eigentümern einem Umbauplan zustimmen, der Vierte sich jedoch hartnäckig verweigert und dadurch die Wiederbelebung eines Quartiers zu blockieren droht.

Wenn der dritte Fall eintritt und die Gemeinde einem leerstehenden Bürohaus tatsächlich einen Mieter zuweist, dann muss die heikle Frage geklärt werden, welche Miete zu bezahlen ist. Laut Gesetz müsste sie angemessen sein (»reasonable«, so Oudeman), doch was das in Euro bedeutet, beurteilen Eigentümer und Stadt vielleicht unterschiedlich. Zur Not müsste ein Musterprozess klären, ob die Stadt leerstehende Häuser auch gegen den Willen des Vermieters vermieten darf.

Zum Wohle der Gemeinschaft derart tief in das Eigentumsrecht einzugreifen wie die Niederländer scheint in Deutschland noch undenkbar. Doch so radikal es klingt, entspräche das durchaus einem Leitsatz des deutschen Grundgesetzes: Eigentum verpflichtet. Bislang aber verpflichtet das Eigentum hierzulande niemanden dazu, seine Häuser zu vermieten.

»Hört auf zu bauen!«

Sie gehen zu einem Architekten, damit der Ihnen ein Haus plant und baut, und schildern Ihr Traumhaus: die Kaminecke, den Partykeller und die Sauna; Sie zeigen Bilder aus Illustrierten und eigene Zeichnungen und fragen schließlich: »Wie viel kostet so ein Haus?« Der Architekt schaut nachdenklich, wägt Ihre Zeitschriften in der Hand, legt sie zur Seite und sagt dann: »Sie brauchen kein neues Haus.« Als Sie verblüfft gucken, ergänzt er: »Sie brauchen nur Ideen, was Sie mit sich und Ihrem Besitz anfangen können.«

Die Geschichte geht weiter, aber anders, als Sie das beim Besuch eines Architekten erwartet haben. Der berät Sie nun nämlich zu der Frage, wofür Sie wie viel Platz brauchen – wer welche Räume wie lange nutzt –, was bei Ihnen herumsteht, aber schon lange nicht mehr gebraucht wird. Er gibt Ihnen Tipps, wie Sie weniger brauchen und »suffizient« handeln, wie die Wissenschaft sagt.

Platzverschwendung privat ...

So selbstverständlich wie heute eine Effizienzberatung ist, könnte eines Tages die KfW eine »Suffizienzberatung« anbieten, schlägt Arne Steffen vom Institut für Suffizienz und Bauen vor.[164] Und eigentlich sollte die KfW dann nicht mehr nur Effizienzhäuser fördern, sondern zukünftig Zuschüsse für ein »Suffizienzhaus« geben – das Suffizienzhaus 100 wäre zu 100 Prozent suffizient, es würde nämlich nicht gebaut.

Wenn dagegen Architekten bislang selten dazu raten, *weniger* zu bauen, aber öfter mal vorschlagen, *größer* zu bauen, dann hat das einen einfachen Grund: Die Honorarordnung der Architekten und Ingenieure (HOAI) legt fest, dass Architekten umso mehr verdienen, desto mehr Geld verbaut wird. Zwar sieht die Leistungsphase 1 der HOAI die »Ermittlung der Grundlagen« vor; dabei berät der Architekt die Bauherren zum Bedarf. Es geht aber erheblich weiter, wenn am Ende *nicht* gebaut wird. Dadurch sollte der Architekt sich nicht um sein eigenes Honorar bringen, denn er spart mit schlauen Raumlösungen den Bauherren Geld. Solche Sparerfolge gehören bisher nicht zur Honorarordnung und können es vielleicht auch nicht, weil sie sich von Fall zu Fall unterscheiden. Die Lösung könnte so aussehen: Vor die bisherigen neun Leistungsphasen der Planer schaltet man eine »Leistungsphase null«.[165] Dabei klärt der Architekt mit dem Kunden, woraus überhaupt die Aufgabe besteht und ob er anders wohnen und arbeiten kann: Reicht der Platz aus, wenn man einiges entsorgt oder umräumt? Wie viel Platz ist wirklich nötig?

Die letzte Frage rührt an den Kern des Problems, denn wir nehmen immer mehr Platz in Anspruch, im Durchschnitt 45 Quadratmeter pro Kopf.[166] Im Saarland und in Rheinland-Pfalz sind es fast 50 Quadratmeter, dort wohnt mehr als jeder Zweite in seinen eigenen vier Wänden, und Eigentümer leisten sich gerne ein bisschen mehr Platz. Der Anstieg hat übrigens nichts damit zu tun, dass Kinder ausziehen und die Eltern allein in der Wohnung bleiben – das gab es auch in den 1950er-Jahren, aber trotzdem lag die Wohnfläche pro Person damals bei gerade mal 14 Quadratmetern, einem Drittel des heutigen Werts.

Wir haben in Deutschland bereits mehr als vierzig Millionen Wohnungen mit 177 Millionen Räumen.[167] Trotzdem kommen jedes Jahr rund eine Viertelmillion Wohnungen hinzu, etwa so viel wie es in Braunschweig und Kassel zusammen gibt. Wir haben nicht zu wenig, sondern bereits zu viele Häuser. Oft verweisen Neubaulobbyisten auf die boomenden Städte und ihre angeblich stark steigenden Einwohnerzahlen, doch ein Blick in die Statistik enthüllt manche Übertreibung. Zum Beispiel leben in Berlin 2014 gleich viel Einwohner wie nach der Wiedervereinigung 1991. Inzwischen gibt es dort aber fast 150.000 Wohnungen mehr als damals, mit fast zwanzig Millionen zusätzlichen Quadratmetern Wohnfläche.[168] Darin fänden über 400.000 Neuberliner Platz, wenn sich die Altberliner nicht breiter machten als je zuvor: Die Wohnfläche stieg dort in den letzten zwanzig Jahren von 33 auf 41 Quadratmeter pro Person. Berlin gehört zu den deutschen Städten mit dem höchsten Anteil an Ein-Personen-Haushalten: Hier lebt in mehr als der Hälfte aller Haushalte ein Mensch alleine, jeder und jede mit eigenem Bad, eigener Küche, eigener Garderobe und eigenem Abstellraum.

Immer mehr Zeug

Wofür brauchen wir all diesen Platz? Zum Beispiel für das, von dem wir uns nicht trennen können. Die Architektin und Designerin Henrike Stefanie Gänß machte die Probe: Sie fotografierte und zählte ihren kompletten Besitz und kam auf 2.506 Dinge.[169] Erschrocken war sie über eine andere Zahl: Fast die Hälfte ihrer Dinge benutzt sie nie oder fast nie! Wir häufen so viele Sachen an, dass wir sogar noch in Selbstlagerhäusern Raum mieten und das lagern, was wir zu Hause nicht mehr unterbringen. Wer vermeintlich in eine größere Wohnung umziehen muss, der sollte erst einmal seinen Besitz prüfen. Und auch wer in seinen eigenen Räumen bleiben möchte, kann diese besser nutzen. Erst recht gilt das im Alter: Mancher baut sich mit übereinandergelegten Teppichen selbst Stolperfallen. Wenn darum Maria Böhmer von der Beratungsstelle »Barrierefreies Bauen in Bayern« ältere Menschen berät, dann wird erst mal einfach nur entrümpelt.[170]

Manche Ältere kennen zumindest noch die Zeiten, als man mit wenig Räumen zufrieden war. Heute aber steigen die Ansprüche: Hobbyraum, Bastelstube, Musikzimmer. Wer über Nacht bei Freunden bleibt, erwartet fast schon ein Gästezimmer, während früher ganz selbstverständlich ein im Wohnzimmer aufgestelltes Bett reichte. In vielen Kinderzimmern fanden sich einst platzsparende Klappbetten, die tagsüber in Schränken verschwanden. Heute schlafen auch Singles im Doppelbett, in Badezimmern sind zwei Waschbecken längst Standard, in den meisten Haushalten steht ein Geschirrspüler, in über einem Drittel der Wohnungen ein Trockner. Viele dieser Trends sind nur allzu verständlich, und die Grenze vom Angenehmen zum Luxuriösen ist schwer zu ziehen. Doch jedes Detail trägt dazu bei, dass wir immer mehr Platz einnehmen.

Stilfragen

Wenn schon der persönliche Besitz von unserer Lebenseinstellung abhängt, dann erst recht der Entwurf eines eigenen Hauses. Architekten helfen nur allzu gern und planen Einfamilienhäuser mit einer großzügigen Wohnlandschaft im Erdgeschoss, bei der die Küche nahtlos in den Essbereich übergeht und die Sitzecke weiter zur Terrasse führt. Allein dieser Bereich nimmt oft sechzig Quadratmeter ein. Das folgt dem fatalen Vorbild der klassischen Moderne, das Roland Stimpel im Deutschen Architektenblatt so beschreibt: »Im Haus sollten die Räume sich weiten und ineinanderfließen; der Übergang nach draußen sollte optisch unmerklich sein und dort die Stadt sich mit der Landschaft zu einem einzigen Kontinuum vermählen.«[171] Nach diesem Muster entstehen bis heute Bungalows mit bodentiefen Fenstern – und bodenlosen Heizkosten. Ins Obergeschoss quetschen die Architekten Räume klein wie Kaninchenställe und bezeichnen sie als Schlaf- und Kinderzimmer.

Welch Gegensatz sowohl zur Altbauwohnung mit ihren vielen *gleichmäßig großen* Räumen als auch zu den *gleichmäßig kleinen* Wohnungen der Nachkriegszeit! Damals brachte man mit effizienten Grundrissen und kleinen Fluren möglichst viele Menschen auf wenig Fläche unter, sodass manche komplette Drei-Zimmer-Wohnung mit Küche, Diele, Bad genauso viel Platz braucht wie nur eine einzige moderne Wohnlandschaft.

An unseren Ansprüchen liegt es, ob wir platzverschwendend oder raumsparend wohnen, wozu auch die Frage gehört, wie früh wir eine eigene Wohnung wollen. Früher blieben Studierende bei den Eltern wohnen, sie nahmen ein Zimmer in einer Wohngemeinschaft oder lebten zur Untermiete. Heute belegen Studenten häufig eine eigene Wohnung, zum Beispiel nah am Berliner Alexanderplatz: Dort baut die Lambert Wohnbau eine von bundesweit einem Dutzend Wohnanlagen. Hier entstehen 390 Apartments für Studierende, die rund neunzehn Euro je Quadratmeter kosten sollen, zuzüglich Nebenkosten von zwei Euro fünfzig je Quadratmeter.[172] Bei Apartments von 23 bis 37 Quadratmetern errechnen sich Kosten von fünfhundert bis achthundert Euro monatlich – und offenbar gibt es genug wohlhabende Eltern, die das zahlen. Rund fünfzig Millionen Euro soll der Verkauf der Apartments bringen. Manche Eltern blättern 130.000 bis 200.000 Euro hin, bei anderen investieren Anleger. Weltweit legten Investoren 2013 fünf Milliarden Euro in Studentenwohnungen an,[173] einen Teil davon in spezialisierten Immobilienfonds.

... Platzverschwendung beruflich

Alle Büros in Deutschland zusammen sind weit über hundert Millionen Quadratmeter groß, doch wie viele davon werden eigentlich genutzt? Der eigene Schreibtisch gehört zum Standard, selbst wenn Mitarbeiter mehr als die Hälfte der Zeit anderswo sitzen oder zu Kunden reisen. Dem Bürocenter-Anbieter Regus zufolge sind Büros zwischen 10:30 Uhr und 16 Uhr meist nur zur Hälfte belegt.[174] Davor und danach sacke die Belegung sogar auf ein Drittel oder ein Viertel ab. Zwar ist die Quelle nicht neutral, denn Regus vermietet Büros auf Zeit und möchte den Unternehmen zeigen, wie ineffizient sie arbeiten. Trotzdem deckt sich dieses Ergebnis mit dem, was die meisten von uns erleben, denn irgendwer ist in einem Büro immer gerade krank, in Besprechung oder verreist. Und wenn es nach Krisen weniger Mitarbeiter gibt, schrumpfen die Büros nicht mit.

Dennoch gilt nach wie vor: Wer sich bei einem Unternehmen bewirbt, erwartet seinen eigenen Arbeitsplatz, selbst wenn der die meiste Zeit ein Leerplatz sein wird. In Großraumbüros grenzt jeder sein Reich ab, zur Not mit Mauern aus Ordnern und Kakteen. Deutsche Behörden erinnern immer noch an Kafkas »Schloss« mit endlosen Folgen einzelner Büros, die sich in endlosen Fluren aneinanderreihen. Nur langsam setzen sich moderne Arbeitsweisen durch: geteilte Schreibtische *(shared desks)* und geteilte Büroräume. Jeder hat dabei auch weiter einen Ort für seine persönlichen Dinge, aber man verstaut sie in einem mobilen Kasten und rollt den an einen Schreibtisch, wenn man im Büro arbeitet. Wer Ruhe braucht, kann weiterhin zeitweise Einzelbüros nutzen.

Derart locker gehen bislang vor allem Freiberufler mit Arbeitsraum um. Sie brauchen oft ohnehin nur einen Schreibtisch, einen Computer und ein Telefon. Darum ist es schon lange üblich, dass

Architekten oder Journalisten ein Büro miteinander teilen, eine Kaffeemaschine – und wie nebenbei auch ihre Erfahrungen. Zum Geschäftsmodell wird das beim Co-Working. So arbeiten im Betahaus in Berlin-Kreuzberg zweihundert Freiberufler auf 2.000 Quadratmetern.[175] Sie buchen Raum für einen Tag oder einen Monat und breiten sich je nach Bedarf aus oder verkleinern sich. Für große Besprechungen mieten sie einen großen Raum, für kleine Gespräche gehen sie ins Café. In solchen flexiblen Arbeitswelten zeigt sich, dass wir weniger Raum pro Person benötigen, als derzeit üblich.

Dagegen verfügen die sechs Millionen Büroarbeiter in Deutschland im Durchschnitt über je dreißig Quadratmeter, im Gegensatz zu nur vierzehn bis achtzehn Quadratmetern in anderen europäischen Ländern oder den USA. Diese Zahlen nennt der Flächenplaner Michael Marchionini von der Firma ReCoTech.[176] Sie entwickelte eine Software, mit der Unternehmen analysieren, welche Flächen sie auf welche Weise nutzen. Die Software soll die Mitarbeiter nicht einengen, sondern den Anteil der genutzten an der gesamten Fläche erhöhen, wenig oder gar nicht benötigte Flächen aufdecken und eine effizientere Nutzung berechnen. Der Berliner Bezirk Spandau ließ 2010 von ReCoTech seine Gebäude untersuchen.[177] Dazu lernten die Spezialisten alle Arbeitsabläufe der Behörden kennen und schauten die Immobilien genau an. Das Ergebnis: Vier Häuser mit gut 5.400 Quadratmetern waren überflüssig. Das Ganze kostete den Bezirk inklusive Umzug 100.000 Euro, während er nun Jahr für Jahr mehr als 500.000 Euro spart.

Raumreserven sind also auch Geldreserven. Bislang optimieren deutsche Unternehmen vor allem ihre Produktion, aber nicht ihre Immobilien. Doch langsam breitet sich professionelles Management der Grundstücke und Gebäude aus: Das *Facility Management* (FM oder Gebäudemanagement) sorgt dafür, dass Eigentümer ihre Gebäude optimal betreiben, vom Bewachen über das Heizen bis zum Reinigen. Das *Corporate Real Estate* (CRE) analysiert, welche Häuser ein Unternehmen wirklich benötigt. Wenn alles optimiert wird, sind neue Häuser gar nicht mehr nötig.

Einfach mal nicht bauen

»Hört auf zu bauen!«, riefen schon 1968 Architekturstudenten und reagierten damit auf den Monumentalismus der Sechzigerjahre. Unter anderen Vorzeichen zweifeln heute Architekten die Dogmen ihres Berufsstands an und denken über das nach, was eigentlich unmöglich klingt – einfach mal nicht zu bauen. »Nur wer nicht baut, baut gut«, titelte der Spiegel.[178] Der Tagesspiegel schrieb zum Tag des Denkmals 2010, dass es mit Bauvisionen vorbei sei, es gehe manchmal nicht um Bauen, sondern um »Nichtbauen«.[179] In Abwandlung des alten Architektenspruches »Baust du ein Haus, dann denke an die Stadt« muss es heute heißen: Denkst du an die Stadt, dann baue *kein* Haus.

So wäre das Nichtbauen die Lösung. Von einem Beispiel für diesen Wandel erzählt Michael Wilkens von den Architekten Baufrösche: Der holländische Architekt Frans van Klingeren habe in Amsterdam den Wettbewerb für eine neue Mensa der Universität gewonnen.[180] Doch dann habe er gesehen, wie viele schöne Altbauten dafür hätten abgerissen werden müssen. Da kam er auf die Idee, dass die Studenten in den vorhandenen Restaurants der Altstadt essen gehen und dafür Zuschüsse bekommen könnten. Auf diese Weise entwarf er eine »virtuelle Mensa« ohne Abriss und Neubau.

Ähnlich originell war die Lösung des Raumproblems einer Schule in Großbritannien. Bei jedem Klingeln der Schulglocke drängten die Schüler auf die Flure, quetschten sich aneinander vorbei und stauten sich bis zum Pausenhof, bis endlich einer nach dem anderen seinen Schulraum erreichte und der Stau sich auflöste. Klarer Fall, dachte man, die Flure sind zu eng, wir müssen neu bauen. Aber dann kam jemand auf eine andere Idee: Anstelle der großen Schulglocke wurden mehrere kleine angeschafft, die zeitversetzt klingeln. Jetzt strömen die Schüler nach und nach auf die Flure, und das Problem ist gelöst – ganz ohne Bauen.

Diese Geschichte des Architekten Alastair Parvin erzählte Arne Steffen vom Architekturbüro werk.um auf dem von ihm initiierten db-Suffizienzkongress in Darmstadt. Der spürte 2014 dem »Besser Anders Weniger« nach, so der Titel. Für dieses »Weniger« lieferte Arne Steffen mit der TheaBib Karlsruhe, der Bibliothek im Theater, ein weiteres Beispiel: Das Karlsruher Institut für Technologie (KIT) suchte hundertfünfzig Arbeitsplätze für Studierende. Den Raum fanden sie im Foyer des Staatstheaters. Tagsüber stand das leer, doch jetzt lesen hier die Studierenden, und abends wird der Raum wieder zum Theaterfoyer. Als Nebeneffekt gehen die Studenten jetzt auch abends öfter ins Theater.

Ein weiteres Beispiel handelt zwar nicht von Häusern, sondern von Straßen, doch es zeigt sehr gut, wie »Nichtbauen« die Städte lebenswerter macht. So erwog der belgische Ort Hasselt, wegen des vielen Verkehrs einen dritten Straßenring um das Zentrum zu bauen. Doch dann beschloss die Stadt den Nulltarif im öffentlichen Nahverkehr – und hatte damit durchschlagenden Erfolg: Die Zahl der Fahrten pro Jahr stieg auf rund viereinhalb Millionen und damit auf das Zwölffache! Inzwischen baute Hasselt sogar den zweiten Straßenring um die Innenstadt zurück.[181] Wo vorher vielspurig Autos brausten, säumen jetzt Wiesen, Biertische und Cafés einen Boulevard.

Übrigens spielte Nichtbauen auch beim erwähnten Projekt in Bremerhaven-Wulsdorf eine Rolle: Eine der Häuserzeilen hat die Stäwog weder abgerissen noch saniert, sondern bis heute unverändert gelassen. Dort ist Platz für diejenigen, die am wenigsten Miete zahlen können.

Niedrige Preise wissen auch gewerbliche Mieter zu schätzen, wovon der schweizerische Projektentwickler Steff Fischer berichtet. Er hat bei einigen zuvor leerstehenden Häuser einfach mal »nichts getan«,[182] um sie zu vermieten, sagt er salopp. Und fügt an, was er darunter versteht: Er gab den Gebäuden einen flotten Namen, strich sie peppig an und fand Mieter, die den rauen Charme eines nicht ausgebauten Fabrikgebäudes ebenso schätzten wie die entsprechend niedrige Miete. Sanieren muss also auch nicht die ökonomisch beste Lösung sein, obwohl »manche Bauherren meinen, hohe Kosten bedeuten hohe Rendite«, so Fischer. Doch bei niedrigen Kosten kann die Rendite sogar höher liegen, wie manche Projekte beweisen. Nur an einem durften die Beteiligten nicht sparen: Sie mussten mehr denken.

Umbauen hört nie auf

Die Architekturbiennale in Venedig bietet alle zwei Jahre ein Feuerwerk der Bilder, und so zeigten auch 2012 dreiundfünfzig Länder Architektur in Ausstellungen, Filmen und Modellen. Doch der deutsche Pavillon präsentierte erst mal: nichts. Nichts völlig neu Gebautes zumindest, das aber in einer wilden Mischung: Als klassischen Umbau sahen die Besucher den Wohnturm Bois le Prêtre in Paris, der eigentlich abgerissen werden sollte. Aber die französischen Architekten Lacaton & Vassal erweiterten ihn durch eine zweite Hülle, sodass in jedem Geschoss die Wohnungen durch Balkone und Wintergärten wuchsen. Nahezu ein Kunstwerk dagegen wurde die Anti-Villa von Architekt Arno Brandlhuber in Krampnitz bei Potsdam, eine eher hässliche ehemalige Fabrik für Unterwäsche aus DDR-Zeiten. Brandlhuber ließ sie stehen, doch er und seine Freunde schlugen mit dem Vorschlaghammer überall dort Löcher in die Mauern, wo sie Fenster für passend hielten, verdeckten dieses Herausbrechen aber nicht, sondern inszenierten den groben Eingriff ebenso wie den rohen Charme des Altbaus. Bei einem dritten Bau sah man gar nichts Neues: ein Blumenladen in Wuppertal, ein ursprünglich mit Schiefer verkleidetes zweigeschossiges Haus, das in den 1970er-Jahren brachial ergänzt wurde durch einen viergeschossigen Anbau mit umlaufenden Balkonen und Leuchtreklame. Vielleicht ist es ironisch gemeint, wenn der Architekt Jörg Leeser über dieses Haus sagt: »Leider ist es schon so perfekt, dass sich (...) nichts mehr hinzufügen oder entfernen ließ.«[183]

Umbauen ist sexy

Ironie oder nicht, es ist auf jeden Fall schön schräg, was Kurator Muck Petzet im deutschen Pavillon zeigte. Sein großes Verdienst besteht auch darin, dass Umbau damit »cool« oder gar »sexy« wurde – und daran dachte man bislang eher nicht bei Wörtern wie »Sanierung« oder »Modernisierung«, bei »Restaurierung« oder »Bauen im Bestand«. Muck Petzet dagegen benannte die Ausstellung »Reduce, Reuse, Recycle«: Nach dem Vorbild der Abfallwirtschaft steht »Reduce« für die beste Lösung, nämlich das Bauen zu reduzieren und weniger oder gar nicht zu bauen; »Reuse« heißt als nächstbeste Möglichkeit, Gebäude neu und anders zu nutzen; als dritte Variante bedeutet »Recycle« zumindest, Bauteile wiederzuverwerten.

Ein ernsthaftes Anliegen verbirgt sich also hinter dem plakativen Titel, eine Werbung für Umbau mitten auf der Architekturschau. Umbau ist auch ökonomisch sinnvoll: Zwar wird oft der Neubau damit verteidigt, dass er der Wirtschaft nutze, das Bauen sei die Konjunkturlokomotive, die der Wirtschaft vorauseile und sie aus einem Tal nach oben ziehe. Aber zum einen geht es mit dem Neubau regelmäßig wieder nach unten, und er zieht alles andere mit. Und zum anderen ist der Umbau die neue Lokomotive, denn das Sanieren beschäftigt Tausende Handwerker, Energieberater und Architekten. Zum Beispiel bei Wohnungen: Der Bundesverband der deutschen Wohnungswirtschaft (GdW) vertritt dreitausend Firmen mit einem Drittel der Mietwohnungen in Deutschland, und allein seine Unternehmen haben im Jahr 2013 für mehr als sieben Milliarden Euro Wohnungen modernisiert, instandgesetzt und instandgehalten.[184]

Sanieren und Umbauen schaffen auch neuen Wohnraum, zum Beispiel durch das Umnutzen leerstehender Büros oder Kaufhäuser.

In Berlin könnten durch Umbau bis zu achtzigtausend Wohnungen neu geschaffen werden, hieß es im Herbst 2014 in einer Studie der Grünen und des Vereins Open Berlin.[185] Man müsse dafür leerstehende Häuser neu nutzen, Dachgeschosse ausbauen und niedrige Bauten aufstocken. Am Beispiel des Bezirks Neukölln hat das die Studie Grundstück für Grundstück durchdacht und kalkuliert und das Ergebnis dann auf ganz Berlin hochgerechnet.

Derart konsequent umzubauen schafft auch mehr Arbeitsplätze, denn Umbau braucht zwar weniger Material als Neubau, benötigt aber mehr Arbeitszeit. Weil man Häuser immer pflegen sollte, hört Umbau nie auf – ähnlich wie beim Anstrich der Golden Gate Bridge: Fünfzehn Jahre nach deren Eröffnung fing am einen Ende ein Maler an, die Brücke neu zu streichen. Als er nach weiteren fünfzehn Jahren am anderen Ende ankam, konnte er auf der ersten Seite wieder von vorne beginnen.[186]

Umbau ist eine Daueraufgabe, soll aber nicht hundert Jahre dauern. Doch das bedeutet leider die aktuelle Sanierungsquote von einem Prozent in Deutschland; anders gesagt, saniert derzeit nur jeder hundertste Eigentümer sein Haus. Doch es geht auch anders, wie die »InnovationCity« Bottrop beweist. Diesen Zweitnamen trägt die Stadt im Ruhrgebiet als Sieger eines Wettbewerbs, ausgeschrieben vom Initiativkreis Ruhr, einer Vereinigung der Wirtschaft. Gesucht wurde eine Stadt, um sie über zehn Jahre energieeffizient und umweltfreundlich umzubauen. Sechzehn Kommunen bewarben sich, und die Bottroper Bürger sammelten zwanzigtausend Unterschriften für ihre Stadt als InnovationCity. Im November 2010 wurde Bottrop zum Sieger gekürt. Seitdem wird das südliche Stadtgebiet umgebaut, in dem sechzigtausend Menschen in 14.000 Häusern wohnen und arbeiten.

Dort wird aber nicht etwa *viel Geld* ausgeschüttet, sondern es werden *viele Gespräche* geführt: Das InnovationCity-Team berät

Eigentümer, wie sie ihre Häuser sanieren können. Gut drei Jahre nach dem Projektstart sagte Oberbürgermeister Bernd Tischler, dass die Sanierungsquote bei vier Prozent liege, viermal so hoch wie sonst in Deutschland.[187] Anstatt nach hundert Jahren werden auf diese Weise in fünfundzwanzig Jahren alle Häuser saniert. So scheint das große Ziel der InnovationCity möglich, den Ausstoß an CO_2 bis 2020 zu halbieren.

Wohnungen zusammenlegen

Es gab schon einmal ein ähnlich wegweisendes Stadtumbau-Programm wie in Bottrop, nämlich die Internationale Bauausstellung IBA 1987 in Berlin. Dort waren die Mietskasernen der Gründerzeit eng und dunkel; zu viele Menschen wohnten auf zu wenig Raum. Bis in die Siebzigerjahre »löste« man dieses Problem rücksichtslos durch Abriss, doch in den Achtzigern begann mit der IBA eine behutsame Sanierung. Deren Ideen zeigen uns auch heute noch, wie sich Wohnungen neuen Bedürfnissen anpassen lassen: Damals bekamen die Familien mehr Platz und erstmals Bäder und Küchen.[188] Dafür legten die Planer kleine Wohnungen zusammen und brachen Türen durch die Wände. In einigen Häusern bohrten sie sogar durch die dicken Brandwände zum Nachbarhaus durch und verbanden Seitenflügel, deren eine Wohnung vorher nur nach Norden in einen Hof blickte – danach aber konnte man durch Häuserblöcke förmlich »durchwohnen«. Sogar zwischen die Geschosse legten die Planer zuweilen neue Treppen und schufen Maisonette-Wohnungen auf zwei Etagen. Was bei der IBA Architekten machten, erledigten in manchem besetzten Haus die Bewohner: Kurzerhand legten sie Wohnungen zusammen, die ihrer Ansicht nach zusammengehörten.

Auch heute sollten wir die Wohnungen und die Wünsche der Bewohner so kreativ aufeinander abstimmen. Schließlich werden Familien auch mal größer, Häuser aber nicht. Wie Wohnungen trotzdem wachsen können, zeigt der Hamburger Architekt Gerd Streng: Als »Einbreiten statt Ausbreiten« bezeichnet er seine kleinen Ein- und Umbauten, die Platzreserven von Häusern nutzen. Meist fügt er dazu Treppen ein, weshalb Gerd Streng seine Projekte *stair case study houses* nennt.[189] Zum Beispiel wohnte in einem Gründerzeithaus in einer Etage eine Familie, die sich mehr Platz für ihre Kinder wünschte, und in der Etage darunter die Großmutter, die weniger Platz brauchte. Mit einer »Raumsonde« fügte Gerd Streng der oberen Wohnung einen Raum aus der unteren hinzu: Eine schmale Treppe erschließt den zusätzlichen Raum von oben, während unten die Zimmertür geschlossen wurde und jetzt nur noch als Fluchtweg dient.

Die Raumsonde muss kein Einzelfall bleiben. Anstatt da neu zu bauen, wo jemand *mehr* Platz benötigt, sollten wir ihn dort hernehmen, wo jemand *weniger* Raum braucht. Manchmal lassen sich sogar Wohnungen verkleinern und vergrößern, ohne dass man gleich Mauern einreißen muss – nämlich nach nebenan. Wer die Nachbarwohnung dazumietet, gewinnt den Flur zwischen einst getrennten Wohnungen, und dort können sich dann Schuhe stapeln oder Kinder spielen.

Zwischen Pinselsanierung und Totalumbau

»Beim Wort ›Umbau‹ höre ich schon den Bagger«, sagte auf einer Tagung zu Umbaukultur Matthias Koch, der in Berlin das Gebäude der Klavierfirma Bechstein zum »Aufbauhaus« umgewandelt hat.[190] Er drückte damit die Befürchtung aus, dass das Wort »Umbau« missbraucht wird. Zum Beispiel bezeichnen einige das Gelsenkirchener Hans-Sachs-Haus als Umbau, obwohl vom Altbau nur die

Fassade stehen blieb – ein Neubau im alten Gewand, ein Fassadenschwindel. Behutsamer Umbau aber erfordert Respekt für den Altbau. Gute Architekten erkennen beim Umbau die Idee eines Entwurfs und lernen das Haus lieben. Sie arbeiten die Stärken heraus und korrigieren behutsam die Schwächen. Zum Beispiel sind einige Häuser der Nachkriegszeit aus Geldmangel »sozusagen nicht fertig gebaut worden«, sagt der Architekt Hans-Joachim Ewert; es sei heute unsere Aufgabe, sie weiterzubauen.

Tatsächlich lässt sich die Grenze zwischen Umbau und Neubau manchmal schwer ziehen: Wie steht es mit dem Ausbau eines Dachgeschosses? Wer dabei vorhandenen Raum nutzbar macht, darf wohl von Umbau sprechen. Wer aber eine komplette Etage auf ein Haus setzt, macht einen Neubau auf dem Altbau. Nun ist gegen das Aufstocken vorhandener Häuser weniger zu sagen als gegen andere Formen des Neubaus, denn das versiegelt keine neue Fläche. Trotzdem muss man aufpassen, wie viel Material und Energie es verbraucht, und ob der neue Raum etwa untere Etagen oder die der Nachbarn verschattet. Der Ausbau von Dachgeschossen mag die annehmbarste Form des Neubaus sein, aber auch hier ist das richtige Maß gefragt. Wenn jedes Haus aufgestockt wird, dann nimmt uns das Licht und Luft.

Beim Umbau tut sich ein breites Spektrum auf zwischen »Pinselsanierung« und »Totalumbau«. Das richtige Maß ist auch eine finanzielle Frage: Selbst ein schlichtes Wohnhaus kann man zum Passivhaus umbauen, doch das kostet so viel Geld und Energie, dass dieser Umbau genauso schlecht dasteht wie ein Neubau. Manche Eigentümer bauen möglichst teuer um, damit sie nachher die Mieten kräftig anheben können – eine Luxussanierung, die Bewohner vertreibt. Doch wenn man den ärmeren Bewohnern hilft, dann können hohe Mieten auch Vorteile haben, weil sie die Sanierung erleichtern: Wenn Wohnungen in Bremerhaven oder in Berlin-Wedding fünf Euro je Quadratmeter kosten, dann hat der Eigentümer nun mal weniger Spielraum für eine Modernisierung als in Frankfurt am Main bei fünfzehn Euro je Quadratmeter.

Eigentlich bedeutet Energiesparen auch Geldsparen, denn eine gut gedämmte Wohnung muss man weniger heizen; das heißt, wenn saniert wird, sinken die Nebenkosten. Exakt um diesen Betrag dürften Eigentümer nach einer Sanierung auch nur die Kaltmiete anheben, fordern Mieterverbände häufig, damit die Warmmiete gleich bleibt. Vielleicht spricht so eine Forderung weniger von sozialem Gewissen als von Lobbyismus. Wenn alle Beteiligten sagen, dass man gern die Häuser sanieren könne, doch die Kosten sollten bitte die anderen tragen, dann wird sich nichts ändern. Aber so läuft es: Mieterverbände fordern, die Warmmiete dürfe nicht steigen; Politiker erwarten von Wohnungsgesellschaften, dass die aus eigener Kraft modernisieren; Bund und Länder streiten sich, wer wie viel Geld dazugibt, und private Investoren schauen zu sehr auf die Rendite. Unterm Strich blockieren sich alle, und es fließt weiterhin kein Geld an Handwerker, sondern nur an Ölkonzerne.

10

Mut zur Nähe

Eng beieinander stehen die Berliner und Berlinerinnen abends in den Kneipen von Friedrichshain und Kreuzberg, unterhalten sich inmitten des Stimmengewirrs und der Musik; manche flirten miteinander, Tausende verbrüdern sich. Könnte es mehr Gemeinschaft geben? Doch das Bild trügt: Fast jeder geht allein nach Hause und betritt dort eine stille Wohnung. Vor langer Zeit hätten all diese Singles, die man vor hundert Jahren »Junggesellen« oder »Jungfern« nannte, in einem Raum bei der eigenen Familie gelebt, in einer Wohnung mit den Eltern und Großeltern. In der Nachkriegszeit teilten sich in Deutschland fünf Personen eine Wohnung, heute sind es im Mittel zwei Personen – und in der Hälfte aller Berliner Haushalte lebt sogar nur einer allein![191] Bei den Großeltern ist jetzt umso mehr Platz: Immer ältere Menschen leben in immer größeren Wohnungen. Im Extremfall wohnt ein Hundertjähriger allein auf hundert Quadratmetern. Wenn wir Neubau vermeiden wollen, müssen wir dieses 100-100-Problem lösen; und die Jüngeren müssen Mut zur Nähe beweisen.

Wenn Alt und Jung zusammenfinden

Die meisten Menschen möchten so lange wie möglich in ihrer eigenen Wohnung bleiben. Helfen wir ihnen, indem wir Mitbewohner vermitteln und die Wohnungen umbauen. Damit jeder seine

Privatsphäre wahrt, baut man im Einfamilienhaus ein zweites Bad ein, vielleicht eine zweite Küche und einen zweiten Eingang, und schon ist die Einliegerwohnung fertig. Doch von allein wird kaum ein Hundertjähriger sein Haus umbauen. Die Städte sollten darum Umbauberater einstellen und Geld dazugeben. Gleichzeitig kann man die meisten Wohnungen barrierearm umbauen, denn die wenigsten älteren Menschen brauchen aufwendige alten- oder behindertengerechte Wohnungen nach Norm. Die meisten benötigen lediglich kleinere Hilfen wie ein schwellenfreies Bad, ein paar zusätzliche Haltegriffe oder einen zweiten Handlauf an der Treppe.

Barrieren beseitigt, Einliegerwohnung eingerichtet, dann fehlen nur noch die Mitbewohner. Früher war die Untermiete üblich: Ältere Alleinstehende – meist Frauen – vermieteten ein oder mehrere Zimmer. Einer solchen Paarung verdanken wir das »Sams« aus den Büchern von Paul Maar. Da wohnt der Junggeselle Herr Taschenbier zur Untermiete bei Frau Rotkohl. Als sie an einem Samstag putzen will, muss er das Zimmer verlassen und stößt beim Spaziergang auf das Sams. Die Geschichte klingt für uns doppelt nostalgisch, weil aufgrund des gestiegenen Wohlstands einerseits weniger Menschen Zimmer untervermieten, andererseits kaum noch jemand zur Untermiete wohnen möchte.

Aber auf originelle Weise wird heute die Untermiete wiederbelebt, wobei es nicht nur um Miete geht: Beim »Wohnen für Hilfe« geben Ältere Räume an Studierende oder Auszubildende, die dafür keine oder wenig Miete zahlen und stattdessen helfen: Blumen gießen, Fenster putzen, Rasen mähen oder einkaufen und kochen. In rund dreißig deutschen Hochschulstädten finden sich diese Wohnpartnerschaften.[192] In Freiburg vermittelt das Studentenwerk etwa fünfzig Partnerschaften pro Jahr; seit 2002 waren es insgesamt bereits über achthundert.[193] Häufig leisten die Studenten für jeden Quadratmeter Wohnraum eine Stunde Arbeit im Monat und zahlen entsprechend weniger. Den menschlichen Mehrwert gibt es gratis dazu, wenn Alt und Jung ins Gespräch kommen. Einigen müssen sie sich freilich über Putzen, Besuch und Lärm. Doch entdeckt mancher jüngere Mitbewohner, dass ihm die Älteren viel zu erzählen haben.

Der Stifterverband für die Deutsche Wissenschaft prämierte 2013 die »Wohnen für Hilfe«-Projekte. Deren Träger sind häufig Studentenwerke, manchmal gemeinnützige Einrichtungen oder Städte. Übertragen wir dieses Modell auf einen großen Rahmen, dann gäbe es »Wohnen für Hilfe« an allen über vierhundert Hochschulen in Deutschland – und darüber hinaus sollten eigentlich alle Städte und Gemeinden den Menschen helfen, so zueinanderzufinden.

Eine andere Form des Miteinanders über Generationen hinweg ist das betreute Wohnen außerhalb von Pflegeheimen: Beim Bremer »Haus im Viertel« betreibt die Bremer Heimstiftung Wohnungen mit mehr oder weniger viel Betreuung mitten in lebendigen Stadtvierteln.[194] Dort helfen ältere Menschen den Kindern bei den Hausaufgaben, nehmen am Leben teil und bleiben dadurch länger fit.

Zusammenleben

»Kommt, wohnen wir zusammen, wer wohnt, der ist nicht tot«, das wäre in Abwandlung eines Gedichts von Gottfried Benn ein Gedanke zu neuen Senioren-WGs. In Anspielung auf einen gleichnamigen Film sagen alte Menschen zu ihren Freunden: »Warum ziehen wir nicht einfach zusammen?« Vielleicht ins indische »Best Exotic Marigold Hotel«, so ein weiterer Filmtitel; es wurde zum günstigen Ruhesitz für ältere Briten umgebaut. Manche der neuen Wohngemeinschaften sind weit entfernt von der WG-Folklore der

Siebzigerjahre, denn ihre Bewohner wollen nicht gleich die Welt retten. Andererseits kommen die 68er derzeit ins Rentenalter und lassen sich vielfach darauf ein, in neuen Formen zusammenzuwohnen.

Was ältere Menschen wagen, das sollten junge Leute erst recht versuchen. Schließlich ist die Zeit der klassischen Familien vorbei: Zum Beispiel entspricht in Berlin gerade mal jeder zehnte Haushalt noch dem klassischen Bild von Eltern mit zwei oder mehr Kindern. Bundesweit leben in vierzig Prozent aller Haushalte Singles.[195] Das hat verschiedene Gründe: Wenn früher Oma oder Opa im gleichen Haus wohnten, dann kümmerten sich vor allem die Frauen um sie, sei es um die eigene Mutter oder die Schwiegermutter. Diese Hilfe bis hin zur Aufopferung finden wir heutzutage seltener, wenn in den Familien Männer und Frauen beide ihre Karrieren verfolgen. Mehr Menschen leben allein, Paare bekommen weniger Kinder, und immer mehr erziehen ihre Kinder nach einer Trennung alleine. Die Folge ist in all diesen Fällen dieselbe: Es gibt mehr und kleinere Haushalte. Aber wenn die Menschen nicht mehr in traditionellen Familien leben, warum finden sie dann nicht anders zusammen?

Wenn Singles sich zu sehr ausbreiten, dann ist das keine Privatsache, sondern schadet der Gemeinschaft. Damit es ohne Neubau geht, müssen wir zusammenrücken! Man muss nicht gleich das Bett teilen wie bei den Schlafburschen der Gründerzeit, als jede Matratze rund um die Uhr belegt war. Aber eine großzügige Küche mit anderen zu teilen kann Spaß machen. Und einen Gästeraum abwechselnd zu nutzen muss man nicht als Einbruch in seine Privatsphäre betrachten. Niemandem soll etwas vorgeschrieben werden, aber es lohnt sich, über gemeinschaftliche Wohnformen nachzudenken.

Gemeinschaften

Beim Bauen finden wir bereits ein schönes Beispiel für Gemeinsinn: In *Baugemeinschaften* bauen mehrere Familien gemeinsam ein Haus und einigen sich in vielen Gesprächen auf jedes Detail von der Fassade bis zum Türgriff. Leider finden wir dieses Modell bisher meist nur beim Neubau, doch mit ähnlichem Elan wären auch wunderbare *Umbaugemeinschaften* denkbar, in denen sich alle darauf einigen, wie man ein altes Haus am besten saniert.

Auch das nächste Beispiel finden wir zu oft beim Neubau, doch es zeigt viel über gemeinsames Wohnen: Das Mehrgenerationenhaus scheint die neue Zauberformel dafür zu sein, wie mehrere Generationen unter einem Dach leben, neu kombinierte Familien aus Verwandten, Freunden und Bekannten und hier und da einer agilen Oma oder einem rüstigen Opa. Jeder bekommt Raum für sich, und doch rückt man ein wenig zusammen.

Schon in Mehrgenerationenhäusern leben oft Leute zusammen, die nicht miteinander verwandt sind, eher seelenverwandt. Noch weiter geht das bei »Flüchtlinge willkommen«: Dieses Onlineportal vermittelt seit Ende 2014 Flüchtlinge in Wohngemeinschaften.[196] Angesichts stark steigender Zahlen von Flüchtlingen wissen Gemeinden oft nicht mehr, wie sie diese unterbringen sollen. Manche Wohngemeinschaft entschließt sich dann, einen Flüchtling aufzunehmen. Bezahlt werden die Mieten teilweise über Spenden, die das Portal ebenfalls einwirbt. So teilen wir Geld, Räume und eine große Aufgabe.

Gemeinsam wohnen, umbauen, besitzen

Mit einem mehrfachen Wortspiel kann man die Wohnsiedlung Alt-Erlaa in Wien als das »größte Glück der Gemeinsamkeit« bezeichnen. Das Größte mögen diese drei Wohnblöcke durchaus sein, schließlich ist jeder von ihnen vierhundert Meter lang und bis zu 27 Stockwerke hoch. Mit Glück hat es auch zu tun, denn der Architekt Harry Glück entwarf den Wohnpark Alt-Erlaa in den 1970er-Jahren.[197] Und Gemeinsamkeit ist in der Tat die Stärke dieses Ensembles: Die einzelnen Wohnzeilen werden nämlich ab dem zwölften Stockwerk nach unten hin immer breiter, dadurch haben die Bewohner auf jeder Etage außen einen terrassenartigen Balkon, und im Inneren der Häuser bleibt viel Platz für Gemeinschaftsräume – für zweiunddreißig Klubräume, sieben Spielplätze und sieben Hallenbäder! Luxuriös, möchte man meinen, doch verteilt auf neuntausend Bewohner lässt sich das finanzieren. Das gilt sogar für den Gipfel in Alt-Erlaa: sieben weitere Schwimmbäder auf dem Dach im 27. Stockwerk.

Große Gemeinschaft, große Gemeinschaftsräume. Es gibt viele Wohnprojekte, bei denen Menschen sich von der Küche bis zum Pool Räume teilen. Doch während es in Alt-Erlaa vor allem um Sozialwohnungen geht, findet man geteilte Räume neuerdings auch bei Luxuswohnungen. Etwa beim Wohnturm Friends in München, dessen günstigste Wohnungen bei etwa 5.000 Euro je Quadratmeter liegen, die teuersten bei über 11.000 Euro je Quadratmeter.[198] Gemeinschaftlich nutzen kann man dort den Dachgarten – pardon, den Roof-Garden – auf dem fünfzehnten Stock und eine Kitchen-Lounge genannte Gemeinschaftsküche. Wenn die »Friends« 2016 bezogen werden, dürfte die Wohnfläche pro Person aber vermutlich eher über dem Durchschnitt liegen, während man andernorts durch Teilen Fläche spart – die Bewohner haben kleine Einzelräume, nutzen aber große Gemeinschaftsräume. So wie in der Kalkbreite Zürich, einem Beispiel für »Clusterwohnen«. So nennen die Schweizer ihre Modelle, die zwischen Wohngemeinschaft und Wohnungen-Gemeinschaft angesiedelt sind. Dafür müsste eigentlich nicht neu gebaut werden, sondern es ließen sich bestehende Wohnungen und Häuser umbauen. Weil aber diese Form des gemeinschaftlichen Wohnens so wichtig ist, seien nachfolgend auch solche Neubaubeispiele geschildert.

Von der Gemeinschaft zum Kollektiv

Seit über hundert Jahren fördert die Stadt Zürich Genossenschaften beim Bauen, und diese Tradition führt die Kalkbreite fort, die 2014 ein ungewöhnliches Bauwerk bezog: Rund um ein Tramdepot der Züricher Straßenbahnen bauten die Genossenschaftler drei Etagen für Gewerbe, zum Beispiel Restaurants und sogar ein Kino.[199] Auf das Tramdepot in der Mitte setzten sie einen Deckel, der zum Hof wird, denn außenherum bauten sie weitere bis zu fünf Geschosse mit Wohnungen. Es sind die erwähnten kleinen und großen Räume zum »Clusterwohnen« für mehr als zweihundert Menschen, die sich obendrein vielerlei Gemeinschaftsflächen teilen, und zwar Dachterrassen, den Hof, eine Sauna, große Küchen, kollektive Waschsalons und sogar Tiefkühlfächer zum Mieten. Manches erinnert schon mehr an ein Hotel als an ein alternatives Wohnprojekt; so verleiht eine Rezeption Fahrräder und betreibt elf Gästezimmer. Anstatt der landesweit 45 bis 50 Quadratmeter pro Person, die bei Neubauten gebraucht werden, sind es in der Kalkbreite heute knapp 35 Quadratmeter, und zwar inklusive des jeweiligen Anteils an den großzügigen Gemeinschaftsflächen.

Gemeinsame Räume besonderer Art bietet auch das Projekt »Sargfabrik« in Wien, entstanden auf dem Gelände der einst größten Sargfabrik des habsburgischen Österreich.[200] Die zweihundert Bewohner können eine kleine Bibliothek nutzen, ein eigenes Badehaus sowie einen Veranstaltungsraum für bis zu dreihundert Personen. Im Erdgeschoss öffnet sich das Nebenprojekt »Miss Sargfabrik« mit einem Café zur Nachbarschaft. Ähnliches findet man in den Schweizer Genossenschaften, etwa einen Bioladen im Erdgeschoss, weil die Bewohner ihn wünschen.

Gemeinsam entscheiden alle bei den schweizerischen und österreichischen Projekten, welche Räume sie wie nutzen. Beim Mehrgenerationenhaus in Winterthur soll sogar jeder Bewohner 36 Stunden im Jahr für die Gemeinschaft arbeiten; wer allerdings die Stunden nicht leistet, kann auch bezahlen.[201] Noch näher kommen sich die Bewohner der Leipziger Kollektivhäuser, weil sie diese gemeinsam sanieren, bewohnen und besitzen.[202] Bereits über fünfzig Häuser sind in Leipzig auf verschiedene Weise in kollektivem Besitz, was gemeinschaftliches Wohnen mit günstigen Preisen verbindet. Zum Beispiel vereint die Wohnungsgesellschaft Central drei Häuser und saniert sie mit viel Zeit und Muskelkraft. Die Balance zwischen Einzelnen und Gemeinschaft fällt in den drei Häusern unterschiedlich aus: In der Georg-Schwarz-Straße 11 befinden sich einzelne Wohnungen, bei denen Bewohner paarweise ihre Küchen zusammenlegten. In der Merseburger Straße 102/104 nutzen etagenweise Wohngemeinschaften eines der Häuser, während das andere eine einzige große WG bildet, mit einer großen Küche und zwei kleinen. Insgesamt werden nach dem Ausbau etwa vierzig Personen hier leben. Ihnen allen gehören die Häuser gemeinsam. Da ihr Kollektiv keine Gewinne erzielen möchte, vermieten sie sich die Wohnungen zu Beträgen zwischen zweieinhalb und viereinhalb Euro je Quadratmeter. Zugleich retten sie ehemals leerstehende und vom Verfall bedrohte Gründerzeithäuser.

Kontrollierte Kollektive

Ein »Kollektiv der Kollektive« bildet das Mietshäuser Syndikat. Es entstand Anfang der 1990er-Jahre in Freiburg und verbindet 2015 bundesweit fast hundert Hausprojekte und zwei Dutzend weitere, die sich auf dem Weg dorthin befinden. Die einzelnen Kollektive erwerben ihre Häuser als GmbH, verfolgen aber soziale oder ökologische Ziele. Ihnen ermöglicht das Mietshäuser Syndikat als Zusammenschluss der Hausprojekte, sich selbst zu kontrollieren: Zu Eigentümern eines kollektiv erworbenen Hauses werden ein Hausverein (der Mieter vor Ort) sowie das Mietshäuser Syndikat.[203] Letzteres achtet darauf, dass die sozialen Ziele verfolgt werden. Das Syndikat unterhält außerdem einen Solidarfonds, in den etablierte Hausprojekte einzahlen und von dem neue Projekte profitieren. Derzeit arbeiten etwa sechzig Berater ehrenamtlich für das Mietshäuser Syndikat.

Eine andere Form der freiwilligen Selbstkontrolle bietet die Stiftung Trias, die übrigens auch die Onlineplattform www.wohnprojekte-portal.de betreibt und dort über sechshundert Wohnprojekte in Deutschland auflistet und weitere zweihundert, die gerade gegründet werden. Die Stiftung selbst fördert kollektives Wohnen, indem sie der Spekulation den Boden entzieht.[204] Nehmen wir als Beispiel eines ihrer prominentesten Projekte, das ExRotaprint in Berlin-Wedding mit Architektur der Fünfzigerjahre auf dem ehemaligen Gelände einer Druckerei. Engagierte Menschen nutzen die Häuser zu einem Drittel zum Arbeiten, in einem Drittel haben Künstler ihre Ateliers, und ein weiteres Drittel steht Vereinen und Initiativen zur Verfügung. Die anfangs lose Gruppe der ExRotaprintler schloss sich zusammen, als das Land Berlin drohte, das Gelände an Investoren zu verkaufen.[205] In dieser Lage sprangen mehrere Stiftungen ein, darunter Trias, und kauften das Grundstück. Wenn nun die

Stiftung Trias ein Grundstück kauft, erbt oder geschenkt bekommt, dann vergibt sie an den daraufstehenden Häusern ein sogenanntes Erbbaurecht: Die Nutzer kaufen sie nicht, sondern nutzen sie eine bestimmte Zeit lang, häufig 99 Jahre. Dafür verpflichten sie sich auf soziale, kulturelle oder ökologische Ziele. Die Stiftung kontrolliert, ob die anfänglichen Ideale im Laufe der Zeit womöglich in Vergessenheit geraten. Als Druckmittel kann sie den Pachtzins erhöhen, oder schlimmstenfalls, wenn ein soziales Projekt nicht mehr sozial ist, könnte das Haus an die Stiftung zurückfallen.

Auf diese Weise könnten auch Städte und Kommunen die Kontrolle über den Boden behalten, indem sie ihn in Erbpacht vergeben. Dass sie diese Kontrolle verlieren, so schrieb Alexander Mitscherlich schon in den Sechzigerjahren, führe zu jener »Unwirtlichkeit der Städte«, die seinem Buch den Titel gab.[206] Wenn allerdings der Boden in öffentlichem *Eigentum* bleibt, dann müssten Politiker auch das öffentliche *Interesse* verfolgen, was leider nicht immer geschieht.

Umzug nach Düsseldorf-Nord

Liebe Elsa,

Du hast lange nichts von mir gehört, weil ich mit Karl in der Eifel und in Prag unterwegs war. Wir mussten uns ja kennenlernen, um zu sehen, ob wir es so nah beieinander aushalten – denn stell Dir vor, nächste Woche zieht Karl bei mir ein. Das ist wohl verrückt mit über siebzig Jahren, nicht wahr? Gerade erst kennengelernt und schon zusammenziehen! Aber gerade in unserem Alter haben wir keine Zeit zu verlieren, und darum habe ich gleich bei »Wohnpartner« nach einem Mann gesucht und nicht bei einem der normalen Partnerschafts-Portale. Da geht es ja nur um die Liebe, doch wenn es klappt, dann stellen sich ohnehin die Fragen, die man bei »Wohnpartner« schon bei der Suche eingeben kann: ob man zu jemandem ziehen würde oder es lieber umgekehrt hätte. Ob es eine Etagenwohnung sein soll oder ein Häuschen. Oder ob man ein getrenntes Badezimmer möchte – das war mir sehr wichtig. Und bei mir gibt es das eben schon, darum wollte ich unbedingt jemanden haben, der bei mir einziehen würde. Seit die Kinder aus dem Haus sind und erst recht seit mein lieber Werner gestorben ist, bleibt hier so viel Platz, und alles ist so leer. Das ändert sich jetzt. Komm doch bald mal bei uns vorbei, ein Gästezimmer wartet auf Dich.

Herzlich,
Deine Frieda

Liebe ist der häufigste Umzugsgrund. Fast die Hälfte aller Befragten zog schon einmal wegen eines Partners um, ergab eine Studie des Immobilienportals Immonet, nur ein Viertel wegen der Arbeit.[207] Umzüge eröffnen die Chance, die Größe der Wohnungen und die Wünsche der Menschen besser aufeinander abzustimmen und große Wohnungen besser auszunutzen. Immerhin gibt es jährlich etwa vier Millionen Umzüge in Deutschland:[208] Wenn auch nur bei jedem zweiten Umzug zehn Quadratmeter nicht benötigte Fläche frei würden, dann wäre mit umgerechnet 250.000 Wohnungen genauso viel Raum gewonnen wie derzeit durch sämtlichen Neubau. Fördern wir also Umzüge, indem wir Liebe stiften!

Das Wohnpartner-Portal

Ein Vorschlag dafür ist das »Wohnpartner-Portal«; es bringt zusammen, was zusammenpasst: Die Bewohner großer Wohnungen oder Häuser mit denjenigen, die Platz suchen – oder mehr. Das Portal funktioniert wie eine Mischung aus Online-Partnerbörsen mit Immobilien-Webseiten. Jeder sagt, wie er mit wem zusammenwohnen möchte und wie viel Nähe man sich wünscht. Die Aufgabe eines solchen Portals lässt sich mit dem Bild eines Puzzles beschreiben: Menschen mit großen Wohnungen suchen Mitbewohner, die bezüglich ihrer Vorlieben und Geschmäcker zu ihnen passen. Das eignet sich für Gemeinschaften verschiedenster Art; Singles ziehen zusammen, alleinerziehende Mütter und Väter, Arme und Reiche oder was immer das Herz begehrt, etwa vier Fortuna-Fans, sechs Saunagänger oder acht Teetrinker.

Über das Portal kann sich auch erst die Gemeinschaft finden, die dann geeigneten Raum sucht. Es gibt in unseren Städten viele große Wohnungen, die einzelne Familien kaum mehr füllen oder bezahlen können; als »WG-geeignet« preisen Makler sie an, und mit einer Internetbörse fände man neue Nutzer. Das Wohnpartner-Portal brächte Vermieter und Mieter zusammen und vereinte Menschen mit ähnlichen Interessen zu Wohnfamilien. In einigen davon hilft man sich wie in klassischen Familien gegenseitig; die Älteren betreuen Kinder und geben Rat, die Jüngeren kaufen ein und packen an. Es geht also um Raum gegen Geld, um mehr oder weniger Nähe und um Wahlverwandtschaften.

Zwar vermitteln schon bisher Immobilienbörsen im Internet Häuser, Wohnungen und Zimmer, doch dabei geht es vor allem um Quadratmeter und Miete und nicht um neue Gemeinschaften. Etwas enger wird die Beziehung zum Mieter bei der Vermittlung von WG-Zimmern, dementsprechend nutzen die Vermieter die Webseiten für Nachrichten wie diese: »Wir teilen den Kühlschrank und abends manchmal ein Bier, aber alles ganz entspannt«, oder: »Wir suchen einen Nichtraucher, gern mit taz-Abo«. Das Berliner Start-up Dreamflat vermittelt seit 2012 online WG-Zimmer – offenbar ein attraktiver Markt, denn es wurde 2014 vom Portal Immowelt übernommen.[209]

Seriöse Partnerschafts-Portale erzielen beim Thema Liebe mit rationalen Methoden erstaunliche Erfolge: Jeder Teilnehmer der Partnerbörsen beantwortet Fragen zu seiner Person, seinen Eigenheiten und Vorlieben; daraus erstellt das Portal ein Profil, berechnet dazu passende Teilnehmer und vermittelt den Kontakt. Ein »Wohnpartner-Portal« würde diese Vorteile der Webseiten für Partnerschaften und Immobilien vereinen und Partner für verschiedene Formen des Wohnens vermitteln: schlichtes Nebeneinanderwohnen, Wohnprojekte, Wohnfamilien, Lebensgemeinschaft oder Liebesgemeinschaft.

Besondere Chancen würde so ein Wohnpartner-Portal für das Zusammenwohnen von Alt und Jung bieten. Schon heute arbeiten viele ältere Menschen ehrenamtlich als Wahlgroßeltern, betreuen Kinder und lesen ihnen vor. Was läge also näher, als das auch in der eigenen Wohnung zu ermöglichen. Die bereits geschilderten »Wohnen für Hilfe«-Projekte ließen sich damit kombinieren: So könnte auf einem Wohnpartner-Portal auch vermittelt werden, wer Hilfe benötigt oder helfen möchte. Ältere Alleinstehende vermieten ungenutzten Raum gegen Geld, Unterstützung und Gemeinsamkeit – in welcher Mischung, das kommt auf die beiderseitigen Interessen an.

Ein »Wohnpartner-Portal« könnte dreifachen Nutzen bringen: Vermieter finden stabile Wohnfamilien als Mieter; ältere Menschen können mithilfe tatkräftiger Mitbewohner in ihren Wohnungen oder Häusern wohnen bleiben; vorhandene Wohnungen lassen sich optimal nutzen. Darum sollten öffentliche Stellen die Entwicklung eines Wohnpartner-Portals fördern, denn im Vergleich zu teuren Zuschüssen für Neubau ist eine Vermittlungsbörse günstig zu haben.

Umziehen spart Geld

Für die Allgemeinheit lohnt es sich, wenn Menschen in kleinere Wohnungen umziehen, wie ein Rechenbeispiel zeigt: Wenn bei einem Umzug der oben erwähnte Hundertjährige aus seiner Hundert-Quadratmeter-Wohnung aus- und in eine mit sechzig bis siebzig Quadratmetern einzieht, werden dreißig bis vierzig Quadratmeter frei. So viel Fläche neu zu bauen würde 60.000 bis 80.000 Euro kosten! Dieser Betrag sind die sogenannten Opportunitätskosten des Neubaus; sie sind unser Budget, um den Umzug zu fördern. Was uns allen nutzt, muss nämlich für den Einzelnen erst lohnend gemacht werden. Häufig scheitert ein Umzug am Geld, wenn eine seit Jahrzehnten gemietete große Wohnung kaum oder nicht weniger kostet als eine neu bezogene kleine Wohnung, und dazu kommt das Geld für den Umzug. Wohnungstausch bietet einen Ausweg. Zur Geschäftsidee wurde das bei www.tauschwohnungen.com; dieses Portal möchte online Menschen mit zueinanderpassenden Wohnwünschen vermitteln. Damit es zum Tausch kommt, müssen die jeweiligen Vermieter natürlich zustimmen, doch die Idee überzeugt.

Noch einfacher wird ein Umzug, wenn alte und neue Wohnung dem gleichen Eigentümer gehören. So helfen einige Wohnungsgesellschaften ihren Mietern und geben denjenigen einen Zuschuss, die sich verkleinern möchten, damit andere sich vergrößern können. Die Gewoba Potsdam bietet ihren Mietern einen Wohnflächenbonus: Wer sich um mindestens ein Zimmer verkleinert, bekommt eine neue Wohnung zu einer Miete, die zehn Prozent unter dem Mietspiegel liegt.[210] Eine staatliche Prämie von fünftausend Euro für jeden, der in eine kleinere Wohnung umzieht, forderte sogar der Chef der Gewerkschaft IG Bau.[211]

Die Prämie allein reicht nicht aus, das ist beim Umzug genauso wie beim Umbau: Man muss Angebote machen und werben. Berater müssen mit den Bewohnern reden und ihnen helfen. So kündigte der damalige Berliner Stadtentwicklungssenator (und spätere Bürgermeister) Michael Müller Ende 2014 an, landeseigene Wohnungsgesellschaften sollten Umzugsbeauftragte einstellen und Umzugsprämien vergeben.[212] Das sähe dann vielleicht aus wie bei der GWH Wohnungsgesellschaft Hessen: Dort melden Hausmeister vor Ort der Verwaltung, wenn jemand umziehen möchte, und die sucht passende Angebote.[213] Die GWH bietet Senioren auch gemeinschaftliche Wohnungen, die möglichst nah am bisherigen Wohnort liegen. Der Umzug selbst könnte dann zu einem Festpreis organisiert werden.

So viel Zeit und Geld Städte und Wohnungsgesellschaften bislang für Neubau aufwenden, so intensiv sollten sie zukünftig Umzüge fördern. Zwei Vorbilder gibt es dafür, wie umfassend man das angehen kann, auch wenn die Anlässe eher abschrecken: Beim Abriss Tausender Plattenbauten beraten die Wohnungsfirmen die Bewohner intensiv, wohin sie umziehen.[214] Manche nutzen die Gelegenheit, in größere oder kleinere Wohnungen zu wechseln, sodass der Platz hinterher besser genutzt wird. Und beim Braunkohle-Tagebau werden ganze Dörfer abgerissen und deren Umzug geplant. Genauso professionell sollten wir Umzüge in lebendigen Städten und aus fröhlicheren Anlässen planen.

»Kommt nicht nach München!«

In Meißen werden Wohnungen abgerissen, während zwanzig Kilometer weiter in Dresden Wohnungen begehrt sind. Duisburg gilt als Problemstadt, der Nachbarort Düsseldorf boomt. Sogar innerhalb einer Stadt finden sich begehrte und weniger attraktive Viertel. Die regionale Ungleichheit ist einer der wichtigsten Gründe für die Bauwut. Anstatt immer mit Neubau zu reagieren, sollten wir etwas gegen die ungleiche Entwicklung tun.

Ein Anreiz sind günstige Mieten in schrumpfenden Städten. Schon einige Male in der Geschichte erlebte eine Stadt nach langem Niedergang eine neue Blüte, weil sie mit *niedrigen Preisen* lockte. So wird die Schwäche von heute zum Vorteil von morgen.

An anderen Orten bieten *hohe Preise* Vorteile, und zwar nicht nur für Immobilienhaie. Alle Menschen könnten davon profitieren, wenn Wohnen mehr kostet, vorausgesetzt natürlich, dass denen mit wenig Geld geholfen wird. Denn um eine mögliche Kritik an einem Bauverbot vorwegzunehmen: Wenn nicht mehr neu gebaut wird, dann könnten die Mieten an manchen Orten steigen, solange man nicht gegensteuert durch Umbau, Umzug und andere Werkzeuge. Schon jetzt sind hohe Mieten in vielen Boomregionen ein Problem, und das soll auch noch gut sein? Es mag absurd klingen und ist doch ganz logisch: Hohe Mieten und Kaufpreise schrecken Menschen ab, niedrige Kosten locken sie an. Dadurch bewegen die günstigen Mieten schrumpfender Städte manch einen dann doch zum Bleiben. Umgekehrt sorgen hohe Mieten dafür, dass nicht ganz so viele Menschen in die beliebten Städte ziehen. Oder sie begnügen sich zumindest mit weniger Raum; so gehört München zu den wenigen Orten Deutschlands, an denen die Wohnfläche pro Person leicht sinkt.[215] In Manhattan wohnen selbst Gutverdienende in Einraumwohnungen oder sogenannten Mikro-Appartements und jedes zusätzliche Zimmer gilt als Luxus.[216]

Den Vorteil hoher Mieten nennt mit Felix Herzog sogar jemand, den man wegen des Umfelds der Initiative »100% Tempelhofer Feld« wohl eher links verorten würde. Viele Menschen dächten noch, Berlin sei eine billige Stadt, sagt er; doch wenn sich herumspräche, dass auch hier die Preise gestiegen sind, dann kämen weniger nach Berlin.[217] Oder sie würden zumindest andere Bezirke wählen: Bisher bevorzugen Zuzügler teure Innenstadtbezirke wie Charlottenburg oder Szeneviertel wie Friedrichshain und Prenzlauer Berg, treiben dort die Mieten nach oben und beschweren sich dann über die Kosten, anstatt in günstige Gegenden zu ziehen.

Anti-Stadtmarketing

Entwickeln wir aus den steigenden Mieten in boomenden Städten eine Strategie, um den Boom zu bremsen, und sorgen dafür, dass sich die höheren Kosten herumsprechen. Bisher werben Tourismus- und Wirtschaftsförderer für ohnehin florierende Städte wie München. Wie wäre es, wenn diese Städte zukünftig darin investierten, Zuzügler abzuschrecken, um so die Ungleichheit der Regionen in

Deutschland zu mildern? Eine Kampagne der neuen Anti-München-Werbung lautet dann so: »Wir sagen es deutlich: München ist teuer! Luxussanierte Altbauten in München sind sehr teuer!! Neubauten in München sind wahnsinnig teuer!!! Kommt nicht nach München – zieht in andere Städte!« Dazu zeigen die Anti-Werber Bilder von Luxusbauten mit Marmor-Treppenhäusern, menschenleeren Swimmingpools und Wachschützern. Zugegeben, so eine Kampagne scheint derzeit noch fern. Doch ein erster Schritt wäre es, wenn die Boomregionen wenigstens nicht mehr in Werbung investierten.

Man kann die Idee eines »Anti-Stadtmarketings« noch weiter treiben. Schließlich wird viel darüber geredet, schrumpfenden Städten zu helfen, und es wird viel Geld ausgegeben, um problematische Stadtviertel zu fördern. Aber wie wäre es einmal genau umgekehrt: Machen wir Prenzlauer Berg uncool! Was fänden all die jungen Menschen, die in Schwarmstädte ziehen, wohl am schlimmsten? Wenn ausgerechnet die trendigen Viertel von genau denen entdeckt würden, vor denen sie geflüchtet sind! Werben wir also aus biederen Stadtvierteln besonders unzeitgemäße Modehändler ab und bringen sie nach Berlin-Friedrichshain. Oder veranstalten wir am Kollwitzplatz in Berlin-Prenzlauer Berg den »Musikantenstadl«, und engagieren wir für den Boxhagener Platz in Berlin-Friedrichshain volkstümliche Musikgruppen in zünftiger Tracht für eine Nonstop-Aufführung. Wenn die angesagten Viertel als teuer und uncool gelten, müssen wir den Menschen nur noch zeigen, dass die derzeit weniger beliebten Orte durchaus etwas zu bieten haben.

Coole Platte

Haus an Haus und die Straße entlang Fassaden der Gründerzeit, mit Stuck verzierte Erker und Balkone, Giebel und Gesimse: Das Jahr 1900 scheint nach Görlitz zurückgekehrt. So historisch sieht es aus, dass schon viele Filme hier gedreht wurden; »Görliwood« lautet der Spitzname der Stadt. Um solche Gründerzeitviertel reißen sich die Menschen in München-Schwabing und Hamburg-Altona – doch in Görlitz stehen dort rund viertausend Wohnungen leer. Das liegt an Vorurteilen aus DDR-Zeiten, als die Altbauten keine Bäder hatten und mit Kohle beheizt wurden. Um den Menschen zu zeigen, wie schön und komfortabel es dort heute ist, organisierten die örtliche Wohnungsgesellschaft Kommwohnen und die TU Dresden 2008 bis 2010 das »Probewohnen«. Eine Woche lang konnten Interessierte mietfrei im Gründerzeitviertel wohnen, und dafür bewarben sich siebenhundert Personen aus ganz Deutschland.[218] Im Herbst 2015 legt Kommwohnen das Projekt neu auf, diesmal in der Altstadt, wo noch ältere Häuser aus Renaissance und Barock leerstehen.[219]

Vielleicht wäre das eine gute Idee für alle Orte, in denen Wohnungen leerstehen: Probewohnen in schrumpfenden Städten im Osten Deutschlands oder im Gründerzeithaus in Wilhelmshavens Südstadt oder in den Zechenwohnungen des Ruhrgebiets. Wem das Probewohnen gefällt, der zieht im Idealfall gleich um und belebt eine vorher leere Wohnung.

Wie man es fördern kann, dass jemand sogar ein leeres Haus kauft, zeigt seit einigen Jahren das westfälische Hiddenhausen. Der Ort kämpfte im Jahr 2000 mit den Problemen schrumpfender Orte, denn Menschen zogen weg, es blieben vor allem ältere Leute zurück, und viele Häuser standen leer. Um das zu ändern, startete 2007 das originelle Programm »Jung kauft Alt«: Wer einen Altbau kauft, dem zahlt die Gemeinde bis zu zehntausend Euro.[220] Am meisten erhält, wer viele Kinder hat. Die Käufer bekommen das Geld über sechs Jahre verteilt, wenn sie tatsächlich umziehen. Im Laufe von sieben Jahren hat der Ort 340 Hauskäufe gefördert. Knapp die Hälfte der Käufer wohnte schon vorher dort, ebenso viele zogen aus dem umgebenden Kreis Herford zu, jeder Zehnte sogar von weiter weg. Seit 2009 ziehen mehr Menschen nach Hiddenhausen als weg. Die meisten Zuzügler haben Kinder, und so eröffneten zwei neue Kitas. Die Idee »Jung kauft Alt« überzeugt so sehr, dass schon über fünfzig weitere Gemeinden sie nachahmten. Vielleicht das Wichtigste bei diesem Programm scheint, die Skepsis gegenüber den leeren alten Häusern zu beseitigen. Diesem Ziel dient ein Gutachten zum Bauzustand des Hauses, das Hiddenhausen zum Start zahlt, sodass schlimme Schäden ausgeschlossen sind. Komischerweise fürchtet mancher vor allem beim Kauf eines *alten Hauses* böse Überraschungen, wo doch eigentlich bekannt ist, dass beim Bau eines *neuen Hauses* erst recht viel schiefgehen kann. Das Baugutachten wirkt ähnlich wie das Probewohnen: Es beseitigt Vorurteile.

Viele Menschen kennen nicht den Charme vermeintlich unattraktiver Städte und Bezirke. Wer einmal in Bremerhaven den frischen Wind der Nordsee spürte, der versteht kaum, dass hier jahrelang viele Leute wegzogen. Und wer einmal in Marzahn durch die »Gärten der Welt« spaziert, eine wunderschöne Parklandschaft, in der 2017 die Internationale Gartenschau stattfindet, der begräbt seine Vorurteile. In Marzahn kündigt sich übrigens bereits ein Wandel an: »Coole Platte«, titelte die Süddeutsche Zeitung und schrieb vom »Szenetreff von morgen«.[221] Die örtliche Wohnungsgesellschaft gibt Künstlern leerstehende Ladenlokale an der Marzahner Promenade, die ganze Straße wird regelmäßig von Künstlern inszeniert, und Kreative treffen sich in der »Galerie M« und der »Alten Börse«.[222]

So wie Muck Petzet coole Beispiele für den Umbau von Häusern vorstellt, brauchen wir coole Vorbilder für den Wandel ganzer Dörfer und Städte. »Raumpioniere« machen es vor, zum Beispiel in den USA: »Im Norden von New York gibt es ganze Kleinstädte, die von hippen Menschen in ihren Zwanzigern bewohnt werden«, schrieb der nach Berlin gezogene Ex-New-Yorker Ralph Martin in der taz.[223] Er berichtet, wie die »Großstadt-Hipsteria« sich die billigen Häuser verfallender Städtchen aneignet und alles in trendige Läden umwandelt. New York sei so extrem überteuert, dass es erhebliche Chancen berge, eine vernachlässigte Kleinstadt handstreichartig zu übernehmen. Dabei müssten die Exil-Städter in Kauf nehmen, sich bei den Restdörflern unbeliebt zu machen – schließlich treffen hier völlig verschiedene Lebensstile aufeinander. In Deutschland habe eine solche Übernahme bisher nicht funktioniert, schreibt Martin, weil bisher nur hier und dort Künstler einzelne Bauernhäuser aufmöbelten. Er fordert dazu auf, es den Amerikanern nachzumachen: »Geht aufs Land!« Dabei ist aber nicht an Wohlhabende gedacht, die im SUV-Geländewagen von Berlin in die Uckermark pendeln, sondern an Kreative, die tatsächlich mit Computer, Couch und Tischkicker in die maroden Kleinstädte ziehen.

Auf in die Schrumpfstädte

Vielleicht sollten wir sogar noch größer denken als bei der Eroberung schrumpfender Dörfer, und ganze Städte im Osten Deutschlands umkrempeln. So klagt Berlin über Zuzügler und steigende Mieten, aber nur achtzig Kilometer weiter östlich verlor Frankfurt an der Oder seit 1989 rund ein Drittel seiner Einwohner und schrumpfte von neunzig- auf sechzigtausend Menschen. Für viele Millionen Euro wurden dort Tausende Wohnungen abgerissen – und trotzdem stehen Tausende leer. Investieren wir die nächsten

Millionen nicht in Abriss, sondern machen damit Frankfurt (Oder) zur Trendstadt! Sorgen wir dafür, dass Hunderte Künstler, Autoren und Musiker dort hinziehen. Schon jetzt leisten sich manche Orte einen »Stadtschreiber« und laden ein Jahr lang einen Autor ein, der im Ort lebt und darüber schreibt. Hunderte solcher Stipendien erzeugen eine kritische Masse. Damit würden wir im großen Stil die These von Richard Florida umsetzen, wonach eine »kreative Klasse« Städten den Aufschwung bringt. Allerdings klappt das nur, wenn die Kreativen dann wirklich in Frankfurt wohnen. Wer dort arbeitet, pendelt bislang oft nach Berlin. Bei unseren Stipendien müsste man zur Bedingung machen, dass die Künstler tatsächlich vor Ort leben.

Doch immerhin wären auch Pendler aus der Boomstadt ein Gewinn für die Schrumpfstadt, weil sie Neubau hier und Verfall dort verhindern; und manchmal ist das Pendeln nur die Vorstufe eines späteren Umzugs. Je schneller die Menschen dort hinkommen, desto eher ziehen sie in die Nachbarstädte und Dörfer rund um die boomenden Metropolen. Bringen wir die Menschen also zu den Häusern und bauen wir schnelle Verbindungen: die Boom-Schrumpf-Bahn! Das kann ein ICE sein wie zwischen Berlin und Wolfsburg, mit dem einige bereits täglich pendeln. Nur eine Stunde braucht die Bahn für diese Strecke von Berlin westwärts, genauso viel Zeit braucht sie momentan in das nur halb so weit entfernte Frankfurt gen Osten. Übrigens kann die Boom-Schrumpf-Bahn auch ein Radschnellweg sein, wie ihn derzeit das Ruhrgebiet plant, als breite beleuchtete Fahrradwege. In Kopenhagen gibt es bereits solche Routen; dort pendeln manche mit E-Bikes sogar dreißig Kilometer täglich. Fördern wir nicht Neubau hier und Abriss dort, sondern bessere Bahnen zwischen boomenden und darbenden Städten.

Freilich riskiert man durch flotte Verbindungen, dass noch mehr Menschen nach Berlin hineinpendeln als umgekehrt. Daran

arbeiten wir durch das Hipster-Programm für Dörfer und Nachbarstädte, durch das Probewohnen – und mancherorts müssen wir
härtere Maßnahmen ergreifen, wie wir gleich sehen werden, etwa
in Duisburg.

Duisburg wird Düsseldorf-Nord

Das florierende Düsseldorf und das schwächelnde Duisburg sind
bereits hervorragend verbunden: Die zwanzig Kilometer zwischen
den Hauptbahnhöfen legt man in einer Viertelstunde mit dem Re-
gionalzug zurück, in einer halben Stunde mit der S-Bahn oder in
fünfzig Minuten mit der Stadtbahn. Doch trotz bester Verbindungen würden viele Düsseldorfer nie nach Duisburg ziehen. Von
einem »eisernen Vorhang in NRW« schreibt Redakteur Thorsten
Karl in der Immobilien Zeitung, von einer »unsichtbaren Grenze,
an der sich das Autokennzeichen und die Postleitzahl ändert«, und
an der sich ein komplett anderer Immobilienmarkt auftut.[224] Der
wichtigste Grund dafür sei das Image. Zwar lässt sich der Ruf einer
Stadt nur schwer ändern, aber wie wäre es, wenn wir etwas anderes änderten – die Autokennzeichen und die politischen Grenzen?
Machen wir Duisburg zu Düsseldorf-Nord! Wer weiß heutzutage
schon genau, wo die Stadtgrenze liegt. Damit der Trick nicht gleich
auffällt, könnte man zumindest den Duisburger Süden umgemein-
den und eine neue Grenze südlich des Hauptbahnhofs ziehen. Dort
beginnt dann Düsseldorf, und sofort werden dankbare Vermieter
mit der neuen Bezeichnung werben. Zu Beginn wird mancher noch
fragen, wo denn früher eigentlich Duisburg war. Aber mit der Zeit
werden die Unterschiede verschwimmen, und das »gefühlte« Düsseldorf breitet sich aus.

Lebendige Städte ohne Amazon und ECE

Die Bergmannstraße in Berlin-Kreuzberg bietet vom arabischen Imbiss bis zum vietnamesischen Restaurant fast das ganze Alphabet der Esskultur. Auf der Straße preist der türkische Gemüsehändler seine Waren an; eine Frau fühlt, ob die Aprikosen weich sind. In den Seitenstraßen geht es ruhiger zu, doch auch hier befinden sich Ladenlokale in den Erdgeschossen, etwa in der Solmsstraße. Die großen Schaufenster des Eckhauses mit der Nummer 22 lassen Licht in einen Kindergarten. Vorher arbeitete hier der Verlag des Autors dieser Zeilen. Noch früher nutzte ein Handwerker die Räume, und davor wohnte sogar eine WG im Laden und den Nachbarräumen. Die Erdgeschosse der Gründerzeithäuser bieten vielen verschiedenen Zwecken Platz, doch eigentlich sollten die Ladenlokale dem Handel dienen: Geschäfte für Obst und Gemüse, Brötchen und Zeitungen sorgen dafür, dass jeder nur ein paar Schritte von seiner Wohnung entfernt einkaufen kann, und beleben so die Stadt.

Centerisierung der Stadtzentren

In den Seitenstraßen und in den klassischen Handelsstraßen selbst breitet sich Leerstand aus, denn die Konkurrenz neuer Läden ist zu groß. Der Neubau von Discountern, Möbelmärkten und Fachmarktzentren zerstört lebendige Stadtviertel. Die Verkaufsfläche in Deutschland stieg von 1995 bis 2010 um rund dreißig Prozent, von 95 Millionen Quadratmetern auf gut 120 Millionen.[225] Die zusätzliche Handelsfläche entspricht 25.000 Edeka-Märkten. Doch auf dieser größeren Fläche geben die Kunden nicht etwa mehr Geld aus als vorher – der Umsatz des Einzelhandels stagniert mehr oder weniger.[226] Es ist also kein Wunder, dass viele Geschäfte pleitegehen, vor allem die vielen kleinen entlang der Handelsstraßen und in den Stadtvierteln, während sich große Märkte und Malls an wenigen Orten konzentrieren.

Am deutlichsten wird die Konzentration des Handels in den Shoppingcentern. In Deutschland gibt es mehr als vierhundert Shoppingcenter von jeweils über 10.000 Quadratmetern. Wenn an einem Ort ein neues Center mit hundert Geschäften aufmacht, dann werden an vielen anderen Orten etwa hundert Geschäfte zumachen. Neue Läden bringen dem Handel ja kein neues Geld, das ausgegebene fließt nur in andere Kassen. Es lässt sich immer schwer sagen und unmöglich beweisen, welches neue Shoppingcenter zur Pleite welcher vorhandenen Läden führt. Aber da jeder Euro nur einmal ausgegeben werden kann, fehlt dem klassischen Handel das Geld, das die neuen Center an sich ziehen. Obendrein erzeugen die neuen Läden mehr Verkehr: Je stärker sich der Handel an wenigen Orten konzentriert, desto weitere Wege muss man zum Einkaufen zurücklegen. Wer um die Ecke nicht bekommt, was er braucht, fährt zum nächsten Megamarkt oder Center. Die riesigen Parkplätze rund um die Fachmärkte und in den Obergeschossen zeugen vom Autoverkehr, den sie verursachen.

Die Konkurrenz an ihren Rändern greift unsere Städte genauso an wie neue Shoppingcenter mittendrin. Wenn an einem Ende der Innenstadt ein großer Anbieter dazukommt, geht es am anderen Ende bergab. So geschehen in Oldenburg: Dort eröffnete 2011 am *südlichen* Rand des Stadtzentrums ein Shoppingcenter mit 12.500 Quadratmetern Verkaufsfläche. In den folgenden Monaten zeigten sich mehr Leerstände in der Heiligengeiststraße am *nördlichen* Rand des Zentrums. Obendrein zog 2015 der Elektromarkt Saturn von Nord nach Süd, und die Stadträte stimmten dieser Verlagerung zu.

Die Verschiebung in Oldenburg wird weit übertroffen durch die katastrophalen Folgen des Centro Oberhausen für die dortige Innenstadt. Das 1996 eröffnete Centro könnte mit seinen rund 100.000 Quadratmetern Verkaufsfläche eine Stadt von 100.000 Einwohnern fast komplett mit allem versorgen, was man zum Leben braucht. Wer heute durch das traditionelle Stadtzentrum von Oberhausen geht, der sieht wenig Menschen und viele leere Läden.

Wenn große Shoppingcenter in kleine Stadtzentren ziehen, schaffen sie sich Platz durch Abriss: In Zittau mit seinen dreißigtausend Bewohnern soll womöglich ein Dutzend historischer Häuser einem Center weichen. In Remscheid würden für ein geplantes Factory-Outlet-Center eine Schule und ein Stadion abgerissen. Und in Duisburg-Marxloh müsste für ein Outlet Center die Zinkhüttensiedlung fallen, mit dreihundert Wohnungen des Architekten Max Taut.[227]

Billigware

Neuerdings breiten sich Factory-Outlet-Center (FOC) aus, die angeblich nicht schaden, weil sie »etwas ganz anderes« bieten als die bestehenden Händler – als ob nicht auch sie nur Hemden und Hosen verkauften. Vermeintlich handelt es sich um verbilligte Markenmode aus der vergangenen Saison, doch häufig wird sie eigens für die FOCs hergestellt.[228] Niedrige Preise werden möglich durch niedrige Lebensstandards in den produzierenden Ländern. Wir importieren Billigware und exportieren Ausbeutung. So ähnlich gilt das auch für Filialisten wie Primark: Teenager kreischen zur Eröffnung vor Begeisterung wegen der günstigen Preise, aber eigentlich sollten wir schreien vor Empörung! Mehrfach unsozial ist die Billigkleidung, denn in anderen Ländern arbeiten Menschen zu miserablen Löhnen unter schlechten Bedingungen, und in Deutschland gehen wegen der billigen Waren die Fachgeschäfte kaputt.

Wir brauchen weder neue Factory-Outlet-Center noch neue Primark-Häuser. Aber ein Stopp für neue Handelsflächen bedeutet keinen Stillstand, denn auch in bereits bestehenden Läden machen ständig Händler zu, und andere eröffnen neu. Zwar wird immer wieder behauptet, vor allem für große Handelsflächen sei kein Platz in unseren Altstädten, doch das ist falsch: Zum einen lassen sich benachbarte Läden zusammenlegen, zum anderen stehen bereits massenhaft Läden leer, zum Beispiel ehemalige Möbelläden, Baumärkte, Schlecker-Filialen und Kaufhäuser.

Sogar ältere Shoppingcenter schließen wieder, weil sie mit neuen Centern nicht mithalten können. In den USA hat sich ein merkwürdiger Tourismus zu Dead Malls entwickelt, zu toten (leerstehenden) Malls, anzusehen auf www.deadmalls.com. Auch in Deutschland machen Center zu, weil ihre Eigentümer keine Kraft, kein Geld oder keine Ideen für einen Umbau haben. Dabei liefern Kaufhäuser viele Beispiele für gelungene Umnutzung.

Über dreihundert Kaufhäuser machten in den letzten Jahrzehnten zu, etwa wegen der Probleme von Karstadt und Hertie. Wie man sie neu nutzen kann, zeigt beispielhaft das ehemalige Konsument-Warenhaus am Anton-Saefkow-Platz in Berlin-Lichtenberg, ein Bau aus DDR-Zeiten, der nach der Wende erst zu Horten umfirmierte und dann zu Kaufhof.[229] 2007 war Schluss, aber vier Jahre später erwachte das Haus zu neuem Leben: Im Erdgeschoss eröffnete ein Supermarkt, und darüber entstanden auf drei Etagen neunzig Wohnungen. Statt Kleidern und Haushaltswaren gab es nun

Wohnungen mit anderthalb Zimmern im Angebot, für 550 Euro Warmmiete. Aber nur kurz, denn schon bald war alles vermietet. Jede Wohnung hat einen Balkon oder im obersten Stock eine Dachterrasse.

Trotz vieler Vorbilder, wie sich alte Kaufhäuser und Läden neu beleben lassen, wird immer wieder neu gebaut, mit immer größeren Fachmärkten und Centern. Doch es ist kein Naturgesetz, dass der Handel sich immer mehr konzentriert. Es ist nicht gottgegeben, dass immer neue Verkaufsflächen entstehen. Wir geben den Stadtvierteln das Leben zurück, wenn wir ihnen nicht weiter durch zu viel Konkurrenz das Geschäft vermiesen.

Der Mythos des unschädlichen Centers

Viele behaupten, von einem neuen Shoppingcenter (oder Ikea oder Factory-Outlet) profitiere die Stadt. Und von manchem Center heißt es, das sei architektonisch besonders gelungen oder derart geschickt in seine Umgebung integriert, dass es der Stadt allein dadurch nutze – als ob es einem Händler weniger schadete, wenn seine Kunden in besonders schicke Läden abwandern. Häufig hat sogar schon vor dem Bau ein Gutachter beschrieben, wie sehr der neue Handelsort den bestehenden Geschäften schaden werde, denn zu den Folgen eines großen Fachmarkts oder Centers entsteht heutzutage ein sogenanntes Verträglichkeitsgutachten. Es beschreibt exakt, wie viel Millionen Euro vermutlich von welchen anderen Orten abgezogen werden. Beschönigend sprechen die Gutachter statt von knallharter Konkurrenz gerne von »Umstrukturierung« des bestehenden Handels oder von »Verlagerung« und »Umverteilung« der Umsätze.

Die Rechtsprechung erlaubt es in Deutschland meistens, dass neue Händler und Center den bestehenden etwa zehn Prozent ihres

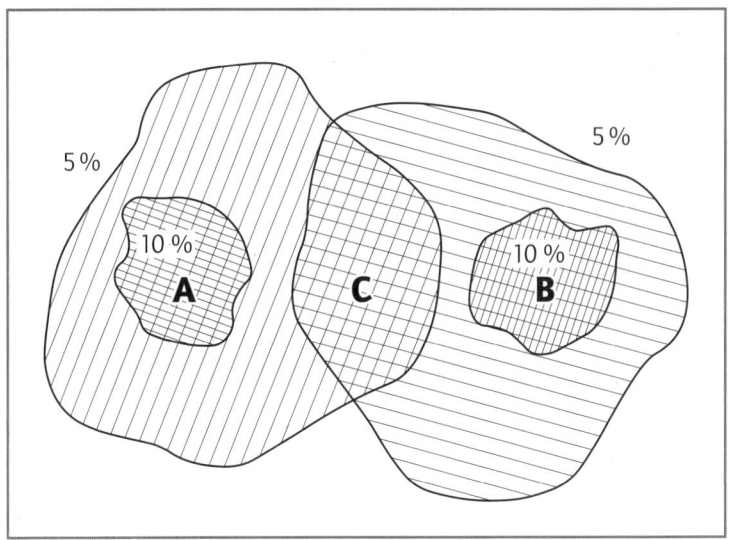

Jedes neue Shoppingcenter (A und B) schadet der Innenstadt (C). Zwar verliert diese durch ein Einzelnes der Center womöglich »nur« fünf Prozent Umsatz, aber in der Summe mehrerer Center dann doch über zehn Prozent.

Umsatzes wegnehmen. Doch der nächste neue Konkurrent nimmt den alten Händlern *wieder* etwas weg, und so läuft es wieder und wieder. Besonders schlecht erkennt man die Folgen bei Factory-Outlet-Centern, weil diese Einkaufstouristen aus einem besonders großen Gebiet anlocken und darum mehr Händlern fünf Prozent vom Umsatz wegnehmen und vergleichsweise weniger Händlern zehn Prozent. So oder so: Am Ende summieren sich die Verluste und zerstören schrittweise den klassischen Handel und die Innenstädte.

Inzwischen haben dies viele Bürger verstanden. Sie kämpfen gegen neue Handelsriesen und für ihre alten Händler: In Würzburg verhinderte 2006 ein Bürgerentscheid ein Shoppingcenter, in Siegburg stoppten die Bürger 2010 Planungen des Centermachers ECE, und 2013 stimmten die Einwohner von Feldkirchen bei München gegen eine Ansiedlung von Ikea.[230] Gegen Pläne dieses Möbelkonzerns in Wuppertal stellten sich im gleichen Jahr die Bezirksregierung Düsseldorf und Landespolitiker.[231] Raumplaner versuchen, neue Discounter und Märkte außerhalb der Stadtzentren zu verhindern. Bisweilen stört sie dabei die europäische Rechtsprechung, denn die fördert unter der Fahne der freien Konkurrenz die freie Zerstörungslust von Handelskonzernen.

Eigentlich müsste sich auch die Wirtschaft gegen das Wuchern der Handelsflächen wehren. Die lokalen Händler sollten sich lauter zu Wort melden, und zwar auch die großen Modehändler und Elektromärkte. Die aber sind oft Filialisten, die andernorts selbst in Centern Flächen mieten und darum nicht gegen deren Betreiber streiten. Diese Uneinigkeit des stationären Handels könnte sich rächen, wenn die neue Konkurrenz des »virtuellen« Handels stärker wird.

Onlinehandel ist nicht virtuell

Zu Beginn des zwanzigsten Jahrhunderts verdrängten Kaufhäuser die kleinen Händler; schon durch die schiere Masse ihres Angebots waren sie den »Tante-Emma-Läden« überlegen – nun aber wirken Kaufhäuser klein gegenüber einer neuen Konkurrenz: dem Online-Kaufhaus, in dem man alles kaufen kann. Mit diesem Angebot können selbst die größten Shoppingcenter nicht mithalten.

Gegen neue Center und Handelsflächen konnte man bisher als Argument vorbringen »Der Kuchen wird nicht größer«, denn der Umsatz verteilt sich mit jedem neuen Laden nur auf immer mehr Händler. Inzwischen aber kann man sagen: Der Kuchen wird kleiner, weil die Onlinehändler ihre eigene Torte backen. 2014 setzte der Onlinehandel knapp vierzig Milliarden Euro um,[232] sechsmal mehr als Karstadt und Kaufhof zusammen. Der Onlinehandel macht bereits heute über zehn Prozent aus, und jedes Jahr legt er um weitere zehn Prozent zu.

Das ist ein Grund mehr gegen weitere Ladenflächen – und dafür, die Bauwut der Onlinehändler zu stoppen. Hinter den vierzig Milliarden Euro Onlineumsatz steckt kein *virtueller* Handel, denn die Waren liegen nur woanders. Anstatt in den Hinterräumen klassischer Händler lagern die Waren in gigantischen Logistikzentren am Stadtrand. Händler wie Amazon und Zalando oder Versandfirmen wie DPD und Hermes bauen Versandzentren mit über 100.000 Quadratmetern.[233] Fatalerweise protestiert hier niemand, denn bisher erkennt kaum einer die reale Gefahr des »virtuellen« Handels.

Der führt einen unfairen Kampf gegen Händler in der Stadt: Diese beschäftigen Fachleute, die ihre Ware kennen und Kunden beraten; Onlinehändler heuern schlechter bezahlte Lagerarbeiter an. In der Stadt arbeiten Händler auf kostbarer Fläche; die Onlinekonkurrenz lagert Waren zum Bruchteil dieser Kosten in großen Hallen. Im Stadtzentrum locken Bücher und Schuhe Menschen in die Läden und bringen örtlichen Eigentümern gutes Geld; in den Versandzentren stapeln sich Kartons in Hochregallagern, und jeder Klick bereichert internationale Konzerne, deren Gewinn in Steueroasen fließt. Mit einem Bauverbot für Logistikimmobilien schützen wir Stadt und Land zugleich, die grünen Wiesen und den städtischen Handel.

Die Händler der Innenstadt sind uns vom Herzen her näher als die Onlinehändler; wer erzählt schon nostalgische Geschichten vom letzten Einkaufsbummel im Internet? Aber die lokalen Händler haben einen weiteren Vorteil: Auch ihre Waren sind näher. Die sind online nämlich nicht nur »einen Klick entfernt«, sondern dem Klick folgt ein langer Weg durch Versandzentren bis zum Paketdienst, und der kommt dann auch frühestens am nächsten Tag. Aber zum Laden in der Stadt können wir sofort gehen. Wir müssen also nur wissen, welcher Händler welche Waren schon bereithält. Und dabei kann uns dann doch wieder das Internet helfen, wenn nämlich die Händler ihr Angebot online stellen. Neue Einkaufsportale verbinden die Übersichten einzelner Läden und zeigen uns, wo man etwas in der Stadt sofort bekommt. So verschränken sich online und offline und geben den Stadtzentren eine neue Chance.

Zu guter Letzt:
Anders wirtschaften

Ein Tempel für die Bildung hätte es werden sollen: Eine Bibliothek mit lichtdurchflutetem Foyer, von dem aus man über großzügige Treppen kilometerweise aufgereihte Bücher erreicht. Ganz oben hätte man sich in gemütlichen Leseecken verkrochen und ins Lesen vertieft und dann wieder den Blick gehoben auf die Weite des Tempelhofer Feldes. So hätte es werden können mit dem Neubau der Zentral- und Landesbibliothek Berlin – bis der Volksentscheid den Plan beendete.

Gut bauen ist nicht genug

Solange der Volksentscheid zum Tempelhofer Feld noch nicht entschieden war, riss es mich hin und her: Sollte ich diesen Neubau ablehnen? Eine Bibliothek ist mir von allen Nutzungen die liebste, und Architektur war mein Beruf. Als ich noch Architekturverleger war, führten mich Architekten und Museumsleiter stolz durch schöne Neubauten, vom Jüdischen Museum Berlin über die Pinakothek der Moderne München bis zum Mercedes-Benz Museum Stuttgart. Doch nach mehr als hundert Rundgängen durch Neubauten befielen mich Zweifel: Brauchen wir all die neuen Museen, Bibliotheken und Konzerthäuser überhaupt? Zumal mir ein Museumsleiter nach dem anderen von den Problemen erzählte, selbst relativ kleine Beträge für die Pflege von Altbauten zu besorgen. Und wenn ein neuer Kulturbau trotz dieser Zweifel meine Sympathie weckt, dann wird spätestens bei neuen Bürotürmen und Shoppingcentern die Bauwut offensichtlich. Sosehr es mich als Architekturliebhaber schmerzt: Ich bin davon überzeugt, dass wir uns vom Neubau verabschieden müssen.

Soll es nun aber gar keine Ausnahme geben? Zum Beispiel für eine neue Bibliothek in Berlin? Oder grundsätzlich gefragt: Darf neu bauen ein letzter Ausweg sein, wenn sich sonst keine andere Lösung findet? Die Antwort erfordert Überwindung, weil es bei vielen Bauvorhaben schwerfällt, *Nein* zu sagen: bei sozialen Zwecken wie Bibliotheken und Schulen, bei ökologisch anspruchsvollen Bauten oder wenn engagierte Bauherren am Werk sind.

Und doch sagt mir die Vernunft, dass es nur einen Schluss geben darf: Wer Neubauen als Notlösung zulässt, öffnet die Tür zur weiteren Verschwendung von Material, Fläche und Energie! Es gibt viele angebliche Zwänge, warum jemand unbedingt bauen müsse, warum ihm beim besten Willen kein vorhandenes Haus passe und warum nur in seinem Fall nichts anderes denkbar sei, als neu zu bauen. Doch eine radikale Wende ist nötig. Konsequent. Ausnahmslos. Im Übrigen stellt sich die Frage nach Ausnahmen derzeit genauso theoretisch wie die Forderung, das Bauen zu verbieten. Sobald wir uns nun schon gedanklich mit Ausnahmen beschäftigen, beginnen wir bereits mit der Denkfaulheit. Nur wenn wir uns vollkommen auf eine Welt ohne Neubau einlassen, denken wir kompromisslos über unsere vorhandenen Häuser nach.

Was wir schon tun können

Wir müssten uns nicht um Neubau kümmern, wenn wir all das täten, was ihn entbehrlich macht: keine alten Häuser abreißen; den Leerstand bei Büros, Läden und Wohnungen beseitigen, bei Kirchen und Kasernen ebenso; hier leere Büros in Wohnungen umnutzen, dort genau umgekehrt, je nachdem, was wo fehlt. Und Prestigeprojekte verhindern: Übertrumpfen wir den Nachbarn nicht länger mit einem neuen Haus, einem neuen Museum oder einer neuen Philharmonie, sondern mit der Liebe zu unserer gebauten Stadt. Wir sollten nicht in die vermeintlich tollen Bezirke und Städte ziehen, sondern uns mit offenen Augen auch die weniger beliebten Stadtviertel anschauen; nicht wie selbstverständlich unser eigenes Büro fordern, wenn wir ohnehin meist unterwegs sind, sondern einen Arbeitsplatz nur dann beanspruchen, wenn wir ihn wirklich benötigen. Und wir sollten uns nicht immer breiter machen und immer mehr Zeug ansammeln, sondern uns darauf besinnen, was wir wirklich brauchen. Bringen wir Mut zur Nähe auf, und teilen wir Räume mit anderen. Wenn wir all das tun, müsste nichts neu gebaut werden.

Wer eine radikale Forderung aufstellt, gerät in Gefahr, dass auch jene sich angegriffen fühlen, die Ähnliches wollen, aber dabei nicht so weit gehen. Darum Achtung: Nicht das ökologische Bauen ist der Gegner, sondern jegliches Bauen. Wo sich Menschen um besseres Bauen bemühen, findet man viel von der kritischen Haltung gegenüber Neubau: Wegwerftendenzen ablehnen, sparsam und effizient arbeiten. Die einen forschen zu neuer Technik, die anderen besinnen sich auf alte Traditionen mit regionalen Baustoffen. Aber das Ökobauen darf nicht zur Ökolüge werden, indem nur mit grünem Beiwerk weitergebaut wird wie bisher – die Bilanz muss ehrlich und umfassend sein. Ein wahnwitziges Vorzeigeprojekt wird durch ein Ökosiegel nicht besser. Doch wenn jemand seinen Neubau mit Flachs oder Stroh dämmt, ist das zweifellos besser als mit Mineralwolle oder Styropor. Und natürlich verbessert gute Heizungs- und Lüftungstechnik auch einen Neubau. Schon ohne ein umfassendes Bauverbot können wir anders bauen und wohnen.

Das Mindeste wäre es, Neubau nicht auch noch zu fördern, und natürlich macht es Sinn, über gute Bauweisen nachzudenken.

Allen, die gutes Bauen anstreben, sei zugerufen: Geht noch einen Schritt weiter! Wer für alte Häuser eintritt, der wende sich gegen neue. Darum sollten alle Denkmalschützer, alle Sanierer, Fachwerkfans und Altstadtfreunde Neubau ablehnen. Wer leere Läden, Häuser und Straßen wiederbeleben möchte, der streite gegen neu gebaute Läden und Häuser. Wer gegen ein einzelnes Bauprojekt bei sich um die Ecke protestiert, der räume jeden Verdacht auf egoistische Gründe aus und wende sich gegen Bauen überall. Wer für die Natur und die freie Landschaft außerhalb der Städte kämpft, der möge auch die freien Flächen in den Städten wertschätzen.

Grenzen setzen für die Freiheit

Wenn der Begriff »Verbot« stört, dann könnte man schonend von »Regeln« sprechen. Andererseits: Sind wir nicht tagtäglich von Verboten umgeben, ohne dass es uns sonderlich schreckt? Es ist verboten, bei roter Ampel zu fahren. Es ist verboten, mit zweihundert Stundenkilometern durch die Stadt zu rasen. Es ist verboten, Benzin in den Schlossteich zu kippen. All das ist verboten, um andere Menschen und die Natur zu schützen. Und darum sollten wir auch das Bauen verbieten.

Der Wissenschaftler Michael Kopatz vom Wuppertal Institut schlägt etwas vor, was ein erster Schritt zu einem generellen Bauverbot werden könnte: ein Wohnflächen-Moratorium.[234] In schrumpfenden Regionen ließe sich die Wohnfläche für eine bestimmte Zeit auf dem heutigen Stand festschreiben, sagt er. Durch Umnutzung, Umbau und Umzug blieben die Menschen in Bewegung, aber der Neubau wäre gestoppt. Um eine vorsichtigere Überlegung anzufügen: Man könnte ein solches Moratorium zuerst in jenen Regionen erlassen, die in den letzten zwanzig Jahren mehr als zwanzig Prozent ihrer Einwohner verloren haben. Später würden diejenigen Städte folgen, die zehn Prozent ihrer Bewohner verloren haben – und schließlich stoppt man den Neubau überall.

Es ist ohnehin nichts Neues, Bauen an *manchen* Orten zu verbieten. Noch nie war Bauen überall und jederzeit erlaubt, immer schon wird geregelt und geordnet, wo was gebaut werden darf. Ein *völliges* Bauverbot geht also nur einen wichtigen Schritt weiter. Selbst Skeptiker akzeptieren vielleicht ein Bauverbot für eine begrenzte Zeit in einem begrenzten Gebiet bei bestimmten Nutzungen.

Und dort fangen wir an: Wo Hunderttausende Quadratmeter Büros leerstehen, stoppen wir den Bau neuer Büros zumindest so lange, bis der Leerstand wieder unter eine bestimmte Grenze fällt. Wo Hunderte Läden leerstehen, unterbinden wir den Bau neuer Ladenlokale, Möbelgiganten und Shoppingcenter, solange es noch leere Läden gibt. Wo Menschen wegziehen und Tausende Wohnungen leerstehen, brauchen wir keinen Neubau. Beginnen wir also mit einem Bauverbot in den schrumpfenden Gegenden vom Ruhrgebiet über ländliche Regionen bis hin zu den Städten im Osten Deutschlands. Überall da, wo alte Häuser verfallen, verbieten wir den Bau neuer Häuser.

Dem Bauen Grenzen zu setzen bewahrt die Freiheit: Wenn wir den Abriss schlichter Wohnhäuser verhindern und dadurch günstigen Wohnraum retten, dann erhalten wir die Freiheit geringer verdienender Menschen, sich eine Wohnung zu suchen. Wenn wir zerstörerische Konkurrenz durch neue Shoppingcenter abwehren, bewahren wir die Freiheit der städtischen Händler, weiter zu wirtschaften. Freiheit meint nicht, dass Investoren und Spekulanten grenzenlos freie Flächen zubauen dürfen. Und Freiheit bedeutet ebenso wenig, dass Politiker freimütig unser Geld für Prestigeprojekte verpulvern. Es macht uns nicht frei, in ein neues Haus vor die Stadt zu ziehen, sondern kettet uns an Auto und Kredit. Bauen bedroht unsere Freiheit. Angesichts der Forderung nach einem Bauverbot sagen einige, man solle doch die Menschen selbst entscheiden lassen, wie sie bauen und wohnen wollen, ob Altbau oder Neubau. Der freie Markt solle entscheiden. Das hört sich schön an, doch es gibt keinen freien Markt für unseren Boden, unsere Natur und unsere Erde, denn die sind keine Konsumgüter. Die scheinbar freie Wahl ist nur die Freiheit, sich selbst zu vernichten.

Die Diskussion um ein Bauverbot erinnert an die Diskussion um den Verkehr. Die Autolobby sagt, jeder solle selbst entscheiden, ob er mit dem Auto fährt, Bus und Bahn nutzt oder per Rad und zu Fuß unterwegs ist. Der Ruf nach Wahlfreiheit legt eine Chancengleichheit nahe, die es nicht gibt. Weil alle Menschen gemeinsam die Schäden des Autofahrens bezahlen, für den versiegelten Boden, die schlechte Luft oder den Klimawandel, sind Autos und Benzin viel zu billig. Die Wirklichkeit wird verzerrt, die Zahlen sind unehrlich. Aber der Schutz unserer Umwelt ist unverzichtbar und kann nicht in Euro ausgedrückt werden. Dasselbe gilt für das Bauen. Auto und Eigenheim gehen eine tragische Verbindung ein, beide versprechen persönliche Freiheit, doch beide zerstören unsere Umwelt – und gefährden so unsere Freiheit.

Dabei können wir uns in der Tat frei entscheiden: Möchten wir unsere Städte weiter kaputt machen oder sie bewahren? Diese Freiheit haben wir heute noch, aber wir nehmen mit unserem Handeln den Kindern und Enkeln die Freiheit, sich ebenfalls entscheiden zu können. Um deren Freiheitsrechte nicht bedrohlich einzuschränken, schreibt Michael Kopatz, seien »absolute Grenzen für Ressourcenverbrauch und CO_2-Ausstoß (…) geradezu zwingend notwendig«.[235] Dies einzusehen sei keine Behinderung der Freiheit, sondern ihre Bedingung.

In der Schweiz gibt es bereits einen Baustopp, zumindest für Zweitwohnungen. In einer Volksabstimmung 2012 stimmten knapp über fünfzig Prozent dafür, dass in denjenigen Orten keine Zweitwohnungen mehr gebaut werden dürfen, wo deren Anteil zwanzig Prozent übersteigt. Ein Schweizer Experte sagt dazu, es gebe einen »schon seit Jahrzehnten tief verwurzelten, emotional und ästhetisch begründeten Widerwillen gegen den ungebremsten Bauboom«.[236]

Umdenken in der Immobilienwirtschaft

Sogar auf der Immobilienmesse Expo Real hörte man in den letzten Jahren Aussagen wie: »Wir müssen eigentlich nichts mehr bauen«, »Es fehlen uns in Deutschland keine Gebäude« oder »Die Städte sind schon fertig gebaut.« Einige Fachleute wollen allerdings aus ihren eigenen Worten nicht die Konsequenz ziehen und mit dem Bauen aufhören, weil sie selbst vermeintlich vom Neubau leben. Doch bei genauer Betrachtung wäre ein Baustopp auch im Interesse der Branche: So muss jeder Eigentümer von Handelsimmobilien fürchten, dass in der Nähe ein Shoppingcenter gebaut wird, denn das wirbt seinen Mietern Kunden ab. Eigentümern von Wohnsiedlungen drohen auf ähnliche Weise nebenan neu gebaute Wohnungen die Mieter wegzulocken. Neue Bürotürme mindern die Chancen älterer Büros. Die Konkurrenz des Neubaus setzt im Altbau eine Abwärtsspirale in Gang. Dass trotz dieser schädlichen Folgen immer weiter neu gebaut wird, liegt an den Profiteuren des Bauens: kurzfristig denkende Projektentwickler, die eine Immobilie bereits weiterverkauft haben, bevor sie fertiggestellt wurde; Banken, die umso mehr verdienen, je kurzlebiger das Geschäft und je zahlreicher die Verkäufe. Dagegen sollten sich die ökonomisch vernünftigen Kräfte der Immobilienwirtschaft wehren, die langfristig denkenden Investoren und nachhaltigen Erfolg suchenden Eigentümer.

Bisher melden sich in der Bauwirtschaft die Neubaulobbyisten am lautesten zu Wort. Dabei machen immer mehr Baufirmen ihr Geschäft mit bestehenden Häusern, die sie restaurieren, sanieren und modernisieren. Die Bauindustrie ist schon weiter vom Neubau abgerückt, als die eigenen Verbände wahrhaben wollen. Unternehmen der Wohnungswirtschaft investieren schon heute nur ein Drittel des Umsatzes in Neubau, gut zwei Drittel entfallen auf Modernisieren, Instandsetzen und Instandhalten.[237] Verabschieden wir uns ganz vom Neubau, und konzentrieren wir uns völlig darauf, das Alte zu pflegen.

Dabei ist die Forderung nach einem Bauverbot weniger *gegen* etwas gerichtet, sondern *für* etwas: *für* unsere Altbauten und das kulturelle Erbe, *für* lebendige Straßen und belebte Städte. Weil heute dreimal mehr Wohnfläche auf eine Person entfällt als noch vor sechzig Jahren, wohnen in denselben Häusern heute nur noch ein Drittel so viele Personen wie früher. Entsprechend weniger Menschen kaufen ein oder gehen aus, so dass allein deswegen die Bäcker, Obsthändler und Kneipen drum herum aufgeben und sich nach den Wohnungen auch die Straßen leeren.

Wenn wir zusammenrücken und unsere Häuser besser nutzen, beleben wir auch unsere Stadtviertel wieder! Zugleich fördern wir damit die lokale Wirtschaft.

Der Einzelne und die Gesellschaft

Ein Bauverbot fügt sich hervorragend in den aktuellen Wandel von Wirtschaft und Gesellschaft: Kritik an ungezügelten Finanzmärkten wurde inzwischen beinahe zum Allgemeingut und reicht von Attac bis zur Kanzlerin, ebenso die Kritik an zunehmender Ungleichheit. Viele fordern eine *Postwachstums-Ökonomie*, die sich gesundschrumpft. Statt über Effizienz wird mehr über *Suffizienz* diskutiert, über weniger Konsum und weniger Produktion. Wie die Gesellschaft sich in diese Richtung wandeln kann, darüber diskutiert die *Transformative Wissenschaft*, während Menschen mit dem Wandel beginnen und ihre Stadt zur *Transition Town* erklären. Sie kaufen *Fairtrade*-Produkte und reparieren in *Repair-Cafés*, anstatt wegzuwerfen und neu zu kaufen. Eine andere Wirtschaft könnte dem Modell einer *Gemeinwohl-Ökonomie* folgen, wie Christian Felber sie fordert. Die orientiert sich unter anderem am Begriff der *Commons* oder Allmende, wie unsere Gemeingüter auch bezeichnet werden. Gemeinsam wirtschaften wird zum Trend, vom *Urban Gardening* über das Teilen in der *Share Economy* bis zum Tauschen in einer *Umsonst-Ökonomie*. All diese Tendenzen berühren die Gesellschaft ebenso wie jeden Einzelnen und sind daher im eigentlichen Sinn politisch.

Der Soziologe Harald Welzer erregte 2013 Aufsehen mit seiner Erklärung, nicht wählen zu gehen. Keine der Parteien beschäftige sich ernsthaft mit dem notwendigen Wandel unserer Gesellschaft, schrieb Welzer im Spiegel, »alle sind sie für Wachstum, die Grünen originellerweise für ›grünes Wachstum‹ statt für farbloses«.[238] Es ist weder links noch rechts, das Bauen zu verbieten, sondern eine Frage der Vernunft. Konservativ ist es, unsere Häuser und Städte zu bewahren, sozial ist, teuren Neubau abzulehnen, ökologisch, energieintensiven Neubau zu meiden, und liberal, die Freiheit auch für Wenigverdiener und kommende Generationen zu erhalten. Weil bislang keine der Parteien Neubau infrage stellt, liegt es an uns, politisch zu handeln und zugleich privat umzudenken. Zwar gehören auch materielle Güter zum Glück – so ist es angenehm, eine Kaffeemaschine kaufen zu können. Doch wenn es hundert Kaffeemaschinen zur Auswahl gibt, steigert das unser Lebensglück schon weniger. Mehr Komfort führt nicht automatisch zu mehr Glück. Früher war das Lebensziel ein eigenes Haus mit eigenem Auto oder auch zweien; davon müssen wir uns verabschieden. Auch schöne Architektur, gelungene Immobilien und die eigene Wohnung sind vor der Frage zu prüfen, ob sie in Zeiten des Klimawandels bestehen. Ein radikaler Schritt ist nötig: Verbietet das Bauen!

Mit 50 Werkzeugen
Neubau überflüssig machen

Zwar heißt das Buch »Verbietet das Bauen!« – doch wir müssten nicht über ein Verbot sprechen, wenn Neubau überflüssig wird. Dafür sorgen diese 50 »Werkzeuge«: Ideen und Beispiele mit ökonomischen und sozialen Argumenten; es geht um Geld, Architektur und um unsere Einstellung. Die Liste bildet eine Gebrauchsanweisung für Architekten, Eigentümer, Immobilienleute, Politiker und Stadtplaner sowie für uns alle.

Modernisieren statt abreißen

1 Altbauten erhalten
Abriss stoppen – und unsere Häuser nutzen, damit sie nicht verfallen.
Wer: Politiker, Planer, Eigentümer, wir alle.
Beispiel: Ein Negativbeispiel sind die Esso-Häuser Hamburg (siehe Kapitel 7).

2 Sanierung fördern statt Neubau
Stadt, Land, Bund und EU dürften kein Fördergeld nur für Neubau geben, sondern müssten immer auch Umbau oder Nichtbau fördern.
Wer: Politiker, Juristen.
Beispiel: Es gibt im Gegenteil viele Beispiele, bei denen nur Neubau gefördert wird.

3 Modernisieren und sanieren
Informieren wir Eigentümer umfassend über Fördergelder, dann sanieren sie erheblich mehr.
Wer: Politiker, Planer, Berater, Architekten, Gutachter, Ingenieure.

Beispiel: In der InnovationCity Bottrop stieg die Sanierungsquote von einem auf vier Prozent (Kapitel 9).

Altes und Neues richtig bewerten

4 Kulturellen und sozialen Wert der Häuser einrechnen

Bei der Diskussion um Abriss den Wert der Heimat berücksichtigen sowie den baugeschichtlichen Wert.

Wer: Politiker, Planer, Eigentümer, Stadthistoriker, Kunsthistoriker, alle.

Beispiel: Duisburg-Bruckhausen (Kapitel 5).

5 Betriebsenergie, graue Energie und Verkehr bewerten

Ganzheitliche Bilanz erstellen, um Abriss und Neubau mit der Alternative »Sanierung« vergleichen zu können.

Wer: Eigentümer, Ökonomen, Politiker, Juristen, Architekten.

Beispiel: Energie- und Kostenbilanz Schillerstraße Bremerhaven sowie ganzheitliche Bilanzen in der Schweiz nach sia-Effizienzpfad (beide Kapitel 6).

6 »Versteckte« ökologische Kosten beachten

Zusätzlich zu jetzigen Preisen die »externen« Kosten einrechnen – für die Zerstörung der Umwelt, Zersiedelung, Belastung durch Staub und Lärm.

Wer: Volkswirte, Politiker, Stadtplaner, Wissenschaftler.

Beispiel: Ökosteuern und CO_2-Zertifikate sind zwei Wege, ökologische Kosten zu berücksichtigen. Allerdings lässt sich der Wert der Umwelt ebenso wenig in Euro ausdrücken wie der Wert lebendiger Städte – beide sind unbezahlbar.

7 Bilanz des ganzen Quartiers ziehen

Bei Neubauten (zum Beispiel neuem Shoppingcenter) Folgen für das ganze Stadtviertel mitbetrachten (zum Beispiel leere Läden).

Wer: Berater, Gutachter, Ökonomen, Politiker, Stadtplaner.

Beispiel: Gibt es bislang noch nicht. Zwar wird beim Einzelhandel bereits in Gutachten abgeschätzt, wie viel Umsatz ein Neubau bestehenden Händlern wegnehmen wird – aber das berücksichtigt nicht die sozialen »Kosten« leerer Geschäfte im Stadtviertel. Umgekehrt kann eine Sanierung einen Gewinn für die Nachbarn bedeuten; dazu müsste eine Berechnung entwickelt werden, die der von städtebaulichen Maßnahmen ähnelt.

Leerstand kennen

8 Leerstand erfassen

Alle leeren Häuser, Läden und Wohnungen erfassen.

Wer: Politiker, Verwaltung, Katasterämter, Eigentümer.

Beispiel: Zwar fehlen Beispiele für die Erfassung sämtlicher Flächen einer Stadt,[239] aber vielerorts werden alle innerstädtischen Ladenlokale erfasst; den kompletten Leerstand von Wohnungen erfassten Plauen und Halle/Saale.[240]

9 Leerstand managen

Leere Räume vermarkten, darüber informieren, Zwischennutzer und Nutzer suchen, Umbau und Umnutzung fördern.

Wer: Städte und Gemeinden, Eigentümer, Nutzer.

Beispiel: Zahlreiche kommunale Beispiele.[241]

10 Leerstand in Nachbarorten gemeinsam managen

Investition und Gewinn aus der Vermarktung leerer Flächen mit Nachbarn teilen.

Wer: Städte und Gemeinden, Land und Region (rechtlicher Rahmen).

Beispiel: Idee für die »54. Stadt« im Ruhrgebiet (Kapitel 7).

Leerstand nutzen

11 Zwischennutzen

Räume zeitweilig anders nutzen: Vermittlung ehrenamtlich, kommunal (zur Belebung) oder kommerziell (als Service für Eigentümer).

Wer: Eigentümer, Städte, Hauswächter-Verein (Beispiel Leipzig), private Vermittler, Politik, Nutzer.

Beispiel: Hauswächter in Leipzig; kommerzielles Beispiel Camelot (beide Kapitel 7).

12 *Häuser besetzen*
Die Instandbesetzung lange leerstehender Häuser dulden oder erlauben.
Wer: Besetzer; Juristen, Städte, Eigentümer.
Beispiel: In den Niederlanden war dies bis 2010 rechtlich möglich (Kapitel 7).

13 *Leeren Räumen Mieter zuweisen*
Als letzten Schritt unwilligen Eigentümern Mieter für lange leerstehende Räume zuweisen.
Wer: Politik, Juristen, Gemeinden (Beratung, Vermittlung).
Beispiel: Amsterdam (Kapitel 7).

Leerstand beseitigen

14 *Leere Luxuswohnungen verhindern*
Zweitwohnungen abschaffen durch »Residenzpflicht für Reiche«.
Wer: Politiker, Juristen.
Beispiel: Noch keines. Es gab oder gibt aber viele Beispiele für Residenzpflicht bei so unterschiedlichen Gruppen wie Asylbewerbern, Ärzten, Beamten und Bischöfen.

15 *Bewertungsregeln ändern*
Immobilien nicht mit fiktiven Mieten bewerten, damit es Eigentümern nicht mehr wie bislang schaden kann, ihre Immobilie zu vermieten, anstatt sie leerstehen zu lassen.
Wer: Ökonomen, Steuerrechtler, Politiker.
Beispiel: Noch keines. Genau genommen müsste man das sogenannte Ertragswertverfahren ändern, bei dem der Wert der Immobilien am zu erzielenden Ertrag gemessen wird – selbst wenn der bei Leerstand nur pure Theorie bleibt.

16 *Heruntergekommene Häuser an Sanierer veräußern*
Verfallende Häuser günstig an Erwerber geben, die sie sanieren und selbst einziehen.
Wer: Gemeinde (kauft Häuser), Nutzer & Sanierer.
Beispiel: »Klushuizen«-Vorbild in den Niederlanden (Kapitel 7).

17 Kauf leerer Häuser fördern

Zuschüsse für Gutachten und Umzug in alte Häuser ermöglichen.
Wer: Politik, alte und neue Eigentümer.
Beispiel: »Jung kauft alt« wie in Hiddenhausen (Kapitel 11).

Keine Platzverschwendung privat

18 Weniger besitzen

Was nicht benötigt wird, verkaufen und verschenken.
Wer: Suffizienzberater; wir alle.
Beispiel: Geben Sie selbst das beste Beispiel, und prüfen Sie Ihren Besitz!

19 Hürden abbauen

Wohnungen entrümpeln und dadurch barrierearm machen.
Wer: Suffizienzberater, Sozialverbände, Politik (Förderung), wir alle.
Beispiel: Beratung für barrierefreies Bauen (Kapitel 8).

20 »Weniger«-Beratung

Nach dem Vorbild der Effizienzberatung eine Suffizienzberatung für Bauwillige einführen – zum »weniger bauen« oder »nicht bauen«.
Wer: Architekten, KfW, Suffizienzberater, Politik (Förderung).
Beispiel: Ein Vorschlag von Arne Steffen vom Institut für Suffizienz und Bauen (Kapitel 8).

21 Verschwenderische Raumideale verabschieden

Keine »Wohnlandschaften« planen, sondern Räume effizient anordnen.
Wer: Architekten, Nutzer.
Beispiel: Wohnungen der Nachkriegszeit; vergleiche auch aktuelle Beispiele bei Werkzeug 37 zum Clusterwohnen.

Keine Platzverschwendung beruflich

22 Büros effizient nutzen

Flächenmanager analysieren Abläufe und optimieren Räume.
Wer: Gebäudemanager, Eigentümer, Politik (Förderung).
Beispiel: ReCoTech (Kapitel 8) und viele weitere Flächenmanager.

23 *Büros und Schreibtische teilen*

Schreibtisch und Raum nur nach Bedarf zuordnen.

Wer: Arbeitgeber, Architekten, Flächenmanager.

Beispiel: Bürobau der Finanz Informatik Hannover.[242]

24 *Coworking*

Schreibtische und Räume zeitweise mieten, dabei Ideen austauschen.

Wer: Coworking-Anbieter; Politik als Förderer.

Beispiel: Betahaus Berlin (Kapitel 8).

Nichtbauen

25 *Räume anders nutzen*

Räume durch verschiedene Personen zu verschiedenen Zeiten (tags, nachts) mehrfach nutzen.

Wer: Raumberater und Architekten.

Beispiel: Schulglocke in England, TheaBib in Karlsruhe (siehe Kapitel 8).

26 *»Bausünden« wertschätzen*

Hässliche Bauten nicht abreißen, sondern ihren Wert entdecken.

Wer: Eigentümer, Mieter, Architekten, alle.

Beispiel: Umdeutung vermeintlicher »Bausünden« durch Turit Fröbe (Kapitel 6).

27 *Nicht sanieren*

Zeit nehmen, um nachzudenken, und günstige Wohnungen einfach und schlicht lassen.

Wer: Eigentümer, Architekten, Städte und Gemeinden.

Beispiel: Eine Häuserzeile beim Stadtumbauprojekt Bremerhaven-Wulsdorf (Kapitel 6 und 8).

Umbauen

28 *Umbau hip machen*

Coole Beispiele für Umbau und Nichtbau sammeln.

Wer: Alle, speziell Architekten.

Beispiel: Muck Petzet bei der Architekturbiennale 2012 (Kapitel 9).

29 Umbauen und ausbauen

Ungenutzte und wenig genutzte Flächen entdecken und ausschöpfen.
Wer: Politik, Verwaltung, Eigentümer, Architekten, Umbauberater.
Beispiel: Umbaupotenziale in Berlin-Neukölln (Kapitel 9).

30 Wohnungen teilen

Einliegerwohnungen mit eigener Küche, Bad und Tür abtrennen.
Wer: Politik (Förderung und Beratung), Umbauberater, Eigentümer.
Beispiel: Förderung des Baus von Einliegerwohnungen in Oldenburg.[243]

31 Wohnungen zusammenlegen

Mauern durchbrechen oder Treppen einbauen.
Wer: Politiker (Förderung), Eigentümer, Architekten.
Beispiel: Internationale Bauausstellung IBA Berlin 1987, Raumsonde des Architekten Gerd Streng (beide Kapitel 9).

Mut zur Nähe

32 Liebe und Partnerschaft fördern

Menschen zusammenbringen mit dem »Wohnpartner-Portal«.
Wer: Politik (Förderung), Betreiber Wohnpartner-Portal.
Beispiel: Neue Idee, vorgeschlagen in Kapitel 11.

33 Wohnen für Hilfe

Junge Leute wohnen bei älteren Menschen und leisten einen Teil der Miete durch Hilfe ab, etwa durch Einkaufen und Besorgungen.
Wer: Politik (Fördern), Hochschulen, Studentenwerke, Sozialverbände.
Beispiel: Bereits in etwa dreißig Orten (Kapitel 10).

34 Mitbewohner aufnehmen

Zahlreiche Möglichkeiten vom Untermieter über Flüchtlinge bis hin zum Wohnpartner.
Wer: Politik, Suffizienzberater, alle.
Beispiel: Sams, »Flüchtlinge willkommen« (beide Kapitel 10) und Sie?

35 Wohngemeinschaft gründen

Private und öffentliche Räume bevorzugt an WGs abgeben.
Wer: Politik, Eigentümer, Mieter.

Beispiel: Es gibt Förderprogramme für Senioren-Wohngemeinschaften und Pflege-Wohngemeinschaften[244] sowie für Wohngemeinschaften von Menschen mit Behinderung;[245] zu wünschen wäre mehr Förderung für jegliche Art von WGs.

36 Wohnprojekt gründen

Ein Beispiel wären Mehrgenerationenhäuser.
Wer: Politik (Möglichmacher), Eigentümer, Mieter, alle.
Beispiel: 800 Beispiele im Wohnprojekteportal (Kapitel 10).

Gemeinschaftlich wohnen

37 Clusterwohnen

Benachbarte kleine Wohnungen werden um gemeinschaftliche Räume arrangiert – bislang vor allem im Neubau, zu übertragen auf Altbau.
Wer: Architekten, Eigentümer.
Beispiel: Kalkbreite Zürich (Kapitel 10), Spreefeld Berlin.

38 Räume miteinander teilen

Einige Beispiele sind Gästezimmer/Gästewohnung, Wäscheraum oder die Gemeinschaftsküche.
Wer: Vermieter, Mieter, Umbauberater.
Beispiel: Kalkbreite Zürich, Sargfabrik Wien (beide Kapitel 10), zahlreiche Baugenossenschaften und Wohnungsunternehmen.

39 Große Räume teilen

Der Vielfalt sind keine Grenzen gesetzt, folgende Beispiele gibt es bereits: Fitnessräume, Dachterrassen oder Schwimmbäder.
Wer: Eigentümer, Genossenschaften, Wohnungsbau-Unternehmen.
Beispiel: Wohnpark Alt-Erlaa in Wien (Kapitel 10).

40 Kollektivhäuser

Alte Häuser gemeinsam kaufen, sanieren, umbauen und bewohnen.
Wer: Politik (Förderung), Neu-Eigentümer.
Beispiel: Kollektivhäuser Leipzig (Kapitel 10).

Umzüge fördern

41 Wohnungstausch

Tausch von größeren und kleineren Wohnungen vermitteln.

Wer: Vermieter, Politik (Förderung und Beratung).

Beispiel: Onlineportal www.tauschwohnung.com (Kapitel 11).

42 Umzüge fördern lokal

Beraten und passende Angebote unterbreiten, beim Umzug helfen und Prämien bieten.

Wer: Politik (Prämien), Vermieter, Umzugsberater.

Beispiel: Flächenbonus der Gewoba Potsdam, Prämie und Umzugsberatung GWH Hessen (beide Kapitel 11).

43 Umzüge fördern regional

Behörden verlegen. Für weniger beliebte Regionen werben.

Wer: Land, Region, Stadt und Gemeinde.

Beispiel: Verlagerung von mehr als fünfzig Ämtern und Behörden in Bayern ab 2015.[246]

44 Boom-Schrumpf-Bahn

Schnelle Radwege und Bahnen zwischen Boomstadt und Schrumpfgegend schaffen, damit Menschen in einem größeren Umkreis wohnen.

Wer: Region und Kommunen.

Beispiel: Radschnellwege Kopenhagen (Kapitel 11).

Beliebte Regionen abwerten ...

45 Anti-München-Werbung

Mit Anti-Werbung Nachteile von Boomstädten aufzeigen, etwa hohe Mieten.

Wer: Städte und Gemeinden, Wirtschaftsförderer, (Anti-)Stadtmarketing.

Beispiel: Noch keines – im Gegenteil wird sogar weiterhin Geld ausgegeben, um für Boomstädte zu werben.

46 *Prenzlauer Berg wird uncool*

Unattraktive Provinzläden ansiedeln, uncoole Musikfestivals veranstalten.

Wer: Städte und Bezirke.

Beispiel: Noch keines, außer unfreiwillig.

... weniger beliebte Regionen aufwerten

47 *Weltkulturerbe Berlin-Marzahn*

Historisierung vorwegnehmen, Häuser und Siedlungen umdeuten.

Wer: Stadt und Bezirk, Stadthistoriker.

Beispiel: Paderborn im Projekt der Stadtdenkerin Turit Fröbe (Kapitel 6).

48 *Probewohnen*

Testwohnen zum Kennenlernen von Orten, die ein schlechtes Image haben.

Wer: Stadt und Region, Wohnungseigentümer.

Beispiel: Gründerzeitviertel und Altstadt in Görlitz (Kapitel 11).

49 *Schrumpfende Orte erobern*

Günstige Häuser in schrumpfenden Orten mit Kreativen besiedeln.

Wer: Politik; Kreative.

Beispiel: Kleinstädte nördlich von New York (Kapitel 11).

50 *Duisburg wird Düsseldorf-Nord*

Orte mit schlechtem Image umbenennen, etwa durch Verlegen der Gemeindegrenze.

Wer: Städte und Gemeinden, Region.

Beispiel: Wer wird der erste?

Anmerkungen

1 Kopatz, 2013: 167.

2 Immobilien Zeitung (IZ), 19.04.2012, Interview mit Empirica-Vorstand Harald Simons: »40 %? Kompletter Unsinn!«.

3 Frankfurter Allgemeine Zeitung (FAZ), 21.11.2014, Rainer Schulze: »EZB-Neubau wird am 18. März eröffnet«.

4 IZ, 22.05.2014, Gerda Gericke: »BND schon wieder teurer«, darin Baukosten: 1,04 Mrd. Euro, Gesamtkosten inkl. Umzug 1,55 Mrd. Euro.

5 www.bauhaus-dessau.de/bund-unterstuetzt-bauhaus-museum-dessau.html, Zugriff 27.05.2015.

6 www.buergerinfo-bauhaus.de/umfeld/, Zugriff 27.05.2015.

7 Pressemitteilung des Presse- und Informationsamtes des Landes Berlin, 06.06.2015: »Grütters und Müller unterzeichnen Finanzierungsabkommen zum Bauhaus-Archiv«.

8 Mitteldeutsche Zeitung (MZ), 24.06.2014: »Dessaus Theater-Vertrag vor der Unterzeichnung«; MZ, 24.07.2014: »Letzter Theatervertrag in Halle unterzeichnet«.

9 Quellensammlung auf der Webseite der Bürgerinitiative Dangast, http://dangast-bi.jimdo.com/, u.a. Verweis auf viele Artikel der Nordwest-Zeitung (NWZ). Siehe außerdem Konzept BI Dangast, 2013.

10 Kosten energetische Sanierung ca. 1,62 Mio. laut Kapels, 2013: 14 (Variante I), erwartete Energieeinsparung bis zu 21.600 Euro jährlich laut Peters, 2013: 9.

11 Planfeststellungsbeschluss, 2007: 100 (auch online abrufbar); Der Tagesspiegel (TSP), 31.03.2014, Corinna Visser: »Ein Flughafen (fast) ohne Luftverkehr«.

12 Bild, 04.04.2013: »Heute eröffnet der sinnloseste Flughafen Deutschlands«; Hessische/Niedersächsische Allgemeine (HNA), 08.03.2014, José Pinto: »Flughafen Kassel-Calden: Prognosen traten nicht ein«; Süddeutsche Zeitung (SZ), 25.04.2014, Jens Flottau: »Letzter Aufruf«.

13 Berliner Zeitung (BerlZ), 18.04.2014, Bernhard Honnigfort: »Warnung an Pyramidenbauer«.

14 Wirtschaftswoche, 21.04.2012, Florian Zerfaß: »Brüssel bringt Kurt Beck schwer in Bedrängnis«; SWR: »Chronologie eines Debakels« (Stand 16.04.2015), www.swr.de/landesschau-aktuell/rp/nuerburgring-chronologie-verkauf-prozess/-/id=1682/did=10053396/nid=1682/18l16bp/index.html, Zugriff 05.06.2015.

15 Die Welt, 16.04.2014, Hannelore Crolly: »Kurt Becks Ex-Finanzminister muss 3,5 Jahre in Haft«.

16 Trierischer Volksfreund, 25.04.2015, Dietmar Brück: »Neues Verfahren gegen Ex-Minister Deubel in Rheinland-Pfalz möglich«.

17 IZ, 16. 01. 2014: »Verschwiegene Versorger«.

18 IZ, 09. 01. 2014: »Ausländische Investoren lieben deutsche Logistikimmobilien«.

19 Volkswagen AG, 12. 01. 2015, Pressemitteilung: Auslieferung 2014 in Gesamt-
    europa 3,95 Mio. Fahrzeuge, davon 1,24 Mio. in Deutschland.

20 Statistisches Bundesamt, 2015: Bevölkerung 81,338 Mio. (1993), 80,77 Mio. (2013).

21 Statistisches Bundesamt 2013/2015: 5–7; Vergleichszahlen 1993 und 2013.

22 SZ, 11. 06. 2014, Thomas Urban: »Späte Einsicht«.

23 Neue Zürcher Zeitung (NZZ), 03. 01. 2014: »Grosse Nachfrage nach subventio-
    nierten Hypotheken«.

24 Welt am Sonntag (WamS), 13. 04. 2014, Frank Stocker: »Wolkenkuckucksheim«.

25 Bundeshaushaltsplan 2013, Einzelplan 12, Bundesministerium Verkehr, Bau
    und Stadtentwicklung, Prämien nach Wohnungsbau-Prämiengesetz: 354 Mio.
    Euro (Soll 2013), 486 Mio. Euro (Soll 2012), 435 Mio. Euro (Ist 2011).

26 Interhyp, Pressemitteilung, 05. 02. 2013: »Durchschnittliche Finanzierungs-
    summe 190 bis 200.000 Euro«.

27 Verband der privaten Bausparkassen, 2013: 18.

28 IZ, 23. 02. 2012, Nicolas Katzung: »Bausparen ist kein Spießerprodukt mehr«.

29 SZ, 19. 02. 2010, Angelika Slavik: »Das Märchen von der Sicherheit«; SZ,
    20./21. 02. 2010, Angelika Slavik: »Der kluge Mensch baut vor«; SZ, 03. 01. 2012,
    Angelika Slavik: »Mein Viertel, meine Gegend, meine Straße«.

30 IZ, 03. 02. 2011: »Hohe Wohneigentumsquote – ein Wachstumskiller?«.

31 Mitscherlich, 1965: 55.

32 Wohnungsleerstandsanalyse 2015: 4.

33 Wuppertal, Anfrage Flächenverbrauch, 12. 11. 2012.

34 Büroflächenstudie Wuppertal, 2013: 7 und 2013: 12.

35 Verb. Berlin-Brandenburgischer Wohnungsunternehmen e.V. (BBU), 2012: 6.

36 StatIS-BBB, Das Statistische Informationssystem Berlin-Brandenburg, Abfrage
    01. 06. 2015: Baufertigstellungen Cottbus in neuen Gebäuden 2005–2010 ergibt
    831 Wohnungen in sechs Jahren.

37 Empirica/Reiner Braun (Autor), 2014, empirica paper Nr. 219: »Mietanstieg
    wegen Wohnungsleerstand! Kein ›zurück-in-die-Stadt‹, sondern ›Landflucht‹«.

38 Siedentop, 2013: 16.

39 IZ, 19. 01. 2012, Christine Ryll: »Buhlen um Bürger«.

40 Hamburg: www.womo-rechner.de/, München: womo.mvv-muenchen.de/.

41 Die Welt, 23. 03. 2013, Oliver Klempert & Daniel Wetzel: »Effizienzhaus Plus –
    Die ernüchternde Bilanz« nennt Förderbetrag von 2,5 Mio. Euro; IZ, 15. 12. 2011:
    »Mein Haus, meine Tankstelle«, beziffert Investitionsvolumen auf 3 Mio. Euro.

42 DBZ, 04/2012: 36.

43 www.oeko-domo.de/aktionshaus-oeko-122.html?&no_cache=1, letzter Zugriff
    15. 12. 2011.

44 IZ, 14. 12. 2011: »Die teuerste Öko-Villa der Welt«.

45 Niko Paech, mdl. Mitteilung, 25. 04. 2012.

46 Masdar Fast Facts, http://masdar.ae/en/media/detail/masdar-fact-sheet-ver-1-
    jan-2013, letzter Zugriff 01. 06. 2015, dort »$15 bilion commitment by the Abu
    Dhabi government«, also ca. 14 Mrd. Euro bei aktuellem Dollarkurs.

47 Arch+ 196/197, Januar 2010: »Masdar City: Klimagerechte Planung; Klima-
design einer Post-Oil City«, Gespräch mit Matthias Schuler von Transsolar.

48 Wirtschaftswoche, 16.04.2011, Sebastian Matthes: »Der geplatzte Traum der
Wüstenstadt Masdar«.

49 National Geographic Deutschland, Januar 2012, Titelbild/S. 3.

50 Weizsäcker u. a., 2010: 102 ff.

51 Florian, Martin, 2010: »Lebendes Labor«, in: Siemens Magazin »Pictures of the
Future«, Frühjahr 2010.

52 www.hannover.de/hannover_baut/zeroe, letzter Zugriff 21.12.2001.

53 NZZ, 12.04.2011, Robert Kaltenbrunner: »Grün ist die Zukunft«.

54 www.dgnb-system.de/de/projekte/, letzter Zugriff 30.06.2015.

55 IZ, 14.10.2011, Lars Wiederhold: »Frankfurt bewirbt sich als Grüne Hauptstadt Europas«; www.hamburg.de/pressearchiv-fhh/1198128/2009-02-23-
bsu-umwelthauptstadt/, letzter Zugriff 30.06.2015.

56 Hamburgisches Weltwirtschaftsinstitut (HWWI), 2010: 9.

57 www.bbr.bund.de/BBSR/DE/Veroeffentlichungen/IzR/2010/4/Inhalt/DL_
LeipzigCharta.pdf?__blob=publicationFile&v=2, letzter Zugriff 04.06.2015.

58 www.bbsr.bund.de/BBSR/DE/Stadtentwicklung/StadtentwicklungDeutsch-
land/NachhaltigeStadtentwicklung/Stadtentwicklung_node.html, Zugriff
04.06.2015.

59 Flächenverbrauch laut BMUB, 2014, derzeit 73 Hektar täglich, Gesamtfläche
Centro Oberhausen laut Centro, 2015: 5 rund 80 Hektar; beide Angaben
bezeichnen die sogenannte Siedlungs- und Verkehrsfläche, also außer der
bebauten Fläche auch die sie umgebenden Grünflächen und Verkehrsflächen.

60 Angebot auf Immonet, http://www.immonet.de/angebot/25590174, letzter
Zugriff 05.05.2015.

61 Volker Eichener, 2012; Pestel Institut/Matthias Günther (Autor), 2012.

62 Harald Bodenschatz, mündliche Mitteilung, 28.04.2012.

63 Immowelt, Pressemitteilung, 29.03.2012.

64 SZ, 13.04.2012, Harald Freiberger: »Mein Haus, mein Garten, mein Risiko«.

65 Markus Gruhn, mündliche Mitteilung, 20.06.2014.

66 Holm, 2010: 12.

67 Twickel, 2010.

68 Zitty, 22.02.2012, Benjamin von Brackel: »Was ist links?«.

69 IZ, 22.03.2012, Jürgen Michael Schick: »Falsche Vorwürfe entkräften«.

70 IZ, 13.01.2011, Albert Engelhardt: »Passivhäuser: Harte Bewertungsregeln statt
Nebelkerzen«, Bericht über eine Tagung des Passivhaus-Instituts Darmstadt.

71 Für diesen Abschnitt: Holm, 2012: »Kotti & Co«; berliner bündnis sozialmieter.de,
2012.

72 Holm, 2007.

73 www.stadtentwicklung.berlin.de/wohnen/anschlussfoerderung/, letzter Zugriff
26.05.2015.

74 BerlZ, 23.10.2014, Ulrich Paul: »Tausende Sozialwohnungen stehen leer«.

75 Feldtkeller u. a., 2015.

76 Holm, 2012; Holm, 2006.

77 Rheinische Post (RP), 27.03.2009, Maximilian Plück & Thomas Reisener: »Schwere Vorwürfe gegen Wohnungskonzern: ›Gagfah lässt Häuser verkommen‹«.

78 IZ, 05.03.2012, Gerda Gericke: »Gagfah und Stadt Dresden vertragen sich«.

79 IZ, 23.04.2015, Gerda Gericke: »Woba reloaded«.

80 IZ, 16.02.2012, Dagmar Lange: »Patrizia erhält Zuschlag«.

81 IZ, 11.04.2013, Christine Ryll: »Konsortium zahlt GBW aus der Tasche«.

82 SZ, 19.11.2013: »BayernLB hätte GBW-Wohnungen offenbar nicht verkaufen müssen«.

83 BerlZ, 15.05.2014, Ulrich Paul: »Landes-Wohnungen werden weiter verkauft«.

84 BerlZ, 15.07.2014, Thorsten Knuf & Ulrich Paul: »Bund redet von Mietenbremse – und verkauft zum Höchstpreis« & »Der höchste Preis ist nicht immer das beste Angebot«.

85 SZ, 09.07.2012, Michael Tibudd: »Für 20 000 Wohnungen drohen höhere Mieten«.

86 IZ, 07.01.2014, Monika Leykam: »2013 war ein Spitzenjahr für den Wohn-Transaktionsmarkt«.

87 IZ, 05.03.2014, Jutta Ochs: »Deutsche Annington kauft eine mittelgroße Stadt«.

88 Deutsche Annington, Pressemitteilung, 30.04.2015.

89 SZ, 18.04.2012, Constanze von Bullion: »Angst vor der Heuschrecke«.

90 Neues Deutschland (ND), 21.07.2012, Gastkolumne Heidrun Bluhm: »Genossenschaft wurde aussortiert«.

91 CA Immo, 05.12.2007, Pressemitteilung.

92 Hochtief, 05.09.2007, Pressemitteilung: 2014 stieg Hochtief aus, dabei gingen 43 % an ein Grove-Konsortium, 7 % an einen Investor; Handelsblatt, 03.02.2014: »Hochtief trennt sich von Aurelis-Anteil«.

93 www.tfh100.de.

94 www.initiativen-fuer-bremen.de/, letzter Zugriff 26.05.2015.

95 Weser Kurier, 06.05.2015, Frauke Fischer: »Neuer Anlauf für Volksbegehren«.

96 WAZ, 09.07.2014, Willi Mohrs: »Abrissarbeiten für Grüngürtel-Projekt in Duisburg fast beendet.«

97 BerlZ, 12.03.2014, Elmar Schütze: »Düsteres Denkmal«.

98 TSP, 08.10.2014, Cay Dobberke: »Kant-Garagen dürfen stehen bleiben«.

99 SZ, 27.03.2014, Georg Imdahl: »Mehr als nur Borussia«.

100 Westdeutsche Allgemeine Zeitung (WAZ), 09.12.2014, Gaby Kolle: »Entscheidung: Ostwall-Museum wird nicht abgerissen«.

101 SZ, 11.03.2014, Laura Weissmüller: »Das verdrängte Stilgewissen«.

102 FAZ, 10.04.2014, Robert Wenkemann: »Bezahlbares Wohnen im einstigen Denklabor«.

103 FAZ, 15.02.2015, Rainer Schulze: »Jetzt fehlt nur noch ein ›Café Kramer‹«.

104 SZ, 05.2012, Karin Leydecker: »Und dann: Schuhkartons«; zu Karlsruhe: SZ, 09.04.2013, Hans Kollhoff: »Alles Kisten«; zu Mannheim: Mannheimer Morgen, 13.03.2015: »Abriss der Kunsthalle abgeschlossen«.

105 SZ, 19.12.2013, Kai Strittmatter: »Der Weltveränderer«.

106 Bundesministerium für Verkehr, Bau und Stadtentwicklung (BMVBS), 2012: 8.

107 IZ, 01.04.2014, Gerda Gericke: »GdW: Ostdeutschland steht vor Leerstands-welle«.

108 Ebd.

109 BMVBS, 2012: 8.

110 Hamburger Abendblatt (HAbl), 11.03.2013, Grit Büttner: »›Power Block‹ – ein Plattenbau als Gemeinschaftsprojekt«.

111 Arge für zeitgemäßes Bauen e.V., 2011.

112 BUND, 2008: 405.

113 Umweltbundesamt, 8. Monitoring-Bericht Kreislaufwirtschaft Bau, Daten für 2010, www.umweltbundesamt.de/daten/abfall-kreislaufwirtschaft/entsorgung-verwertung-ausgewaehlter-abfallarten/bauabfaelle, letzter Zugriff 27.05.2015.

114 Hochparterre 11/2011, Axel Simon: »Zürich wird ersatzneugebaut«.

115 Nagel, 2011.

116 Weser Kurier, 03.11.2012, Frank Miener: »Der Kampf gegen den Leerstand«.

117 Dieses und folgende Zitate: Hans-Joachim Ewert, mündliche Mitteilung.

118 WamS, 11.12.2011, Britta Nagel: »Das Wunder von Wulsdorf«.

119 www.sia.ch/de/themen/energie/effizienzpfad-energie/, letzter Zugriff 02.07.2015.

120 IZ, 26.04.2012: »Besser als DGNB, LEED & Co«.

121 Arge für zeitgemäßes Bauen e.V., 2009: »Unsere alten Häuser sind besser als ihr Ruf«, MB 238.

122 Arge für zeitgemäßes Bauen e.V., 2010: »Unsere neuen Häuser verbrauchen mehr, als sie sollten«, MB 239.

123 Gesobau, 2009: 14.

124 Großsiedlungen ab 2.000 Wohnungen, mit kleineren wären es sogar doppelt so viele Menschen: IZ, 31.07.2014, Jutta Ochs: »Zukunft der Siedlung«.

125 MoPo, 02.06.2014, Constanze Neuhaus: Berliner Hansaviertel soll Welt-kulturerbe werden.

126 Fröbe, 2014.

127 Fröbe, 2013: 7.

128 SZ, 02.09.2012, Peter Fahrenholz: »Paradies auf den zweiten Blick«.

129 DG Hyp, 2015: 5.

130 DG Hyp, 2015: 33.

131 IZ, 20.09.2012, Gastbeitrag Friedrich Toffel & Günter Hägele: »Wenn aus Büros Wohnungen werden«.

132 IZ, 27.02.2014, Lars Wiederhold: »Bürostadt Niederrad wird zur Wohnstadt«.

133 NWZ, 04.12.2014, Oliver Braun: »Letztes Kapitel für Südzentrale«.

134 http://orwohaus.de/das-orwohaus/, letzter Zugriff 02.07.2015.

135 IZ, 05.01.2012, Martina Vetter: »Wie weckt man schlafende Riesen?«.

136 DAB, Ausgabe NRW 04/2009, Bernd Wuschansky: »Zivile Nutzungen ehe-maliger Kasernen«.

137 IZ, 15.03.2012, Monika Leykam & Katja Bühren: »Wir dürfen die Flächen ja nicht verschleudern«.

138 SZ, 02.05.2014, Ingrid Weidner: »Ein großes Erbe«.

139 Ruf, 2010.

140 Landesinitiative StadtBauKultur NRW 2020, 2014: 09.

141 BMBF, 2012; IZ, 26.04.2012, Katja Bühren: »Wenn der Esstisch im Klassenzimmer steht«.

142 Bauwelt 11/2012, Dietmar Brandenburger: »Im umgenutzten Baudenkmal«.

143 Bauwelt 7/2014, Themenheft »Metropole Ruhr«, S. 18, Benedikt Crone: »Team A: Vernetzen«.

144 BBSR, 2014, Flächenverbrauch, Flächenpotentiale und Trends 2030; BBSR-Analysen kompakt 07/2014, Bundesinstitut für Bau-, Stadt- und Raumforschung (BBSR) im Bundesamt für Bauwesen und Raumordnung (BBR).

145 Empirica, 2014, Pressemitteilung vom 08.12.2014 zum CBRE-empirica-Leerstandsindex 2013.

146 IZ, 04.10.2012, Gerda Gericke: »Da hat der ›Robert‹ wieder 'nen ›Vogel‹ abgeschossen«.

147 www.agulhanumpalheiro.pt/quem-somos, letzter Zugriff 02.07.2015.

148 Stand Juni 2015, www.youtube.com/watch?v=tBk2HdyuzB0.

149 IZ, 19.03.2015, Christoph von Schwanenflug: »Plattform für Pop-Up-Läden will expandieren«.

150 www.haushalten.org/de/haushalten_idee_und_ziel.asp, letzter Zugriff 02.07.2015; SZ, 02.09.2011, Joachim Göres: »Kunst und Seife«.

151 die tageszeitung (taz), 21.02.2013, Kai von Appen: »Gutachter im Haus«.

152 www.initiative-esso-haeuser.de/index.html, letzter Zugriff 02.07.2015.

153 Spars, 2014: 14.

154 Die Zeit, 01.03.2011, Tina Groll: »Schrottimmobilien. Eine Stadt kämpft gegen den Verfall«.

155 BMUB/BBSR, 2014.

156 http://stadtbaukultur-nrw.de/neues/10-jahre-klushuizen-in-rotterdam/, letzter Zugriff 08.06.2015.

157 SZ, 19.04.2014, Bärbel Brockmann: »Wohnungspolizei im Westen«.

158 FAZ, 23.04.2014, Helmut Schwan: »Provokationen am wunden Punkt«.

159 IZ, 18.10.2012, Gerda Gericke: »Bewacht durch Bewohnung – legale Hausbesetzer«.

160 IZ, 05.06.2015, Peter Maurer: »Immer mehr Hauswächter in Schule & Co.«.

161 taz, 05.05.2012, Tobias Müller & Tino Buchholz: »Leben in der Grauzone«.

162 Gemeente Amsterdam Ontwikkelingsbedrijf, 2013: 24.

163 IZ, 22.08.2013, Gastbeitrag Friederike Henke & Maarten Poerink: »Kampf gegen Leerstand«.

164 Arne Steffen, mündliche Mitteilung, 23.05.2014.

165 Vorgeschlagen unter anderem von der Bundesstiftung Baukultur, 2014: 112.

166 Bundesinstitut für Bevölkerungsforschung, Pressemitteilung Nr. 9/2013, 24.07.2013.

167 Statistisches Bundesamt Destatis, 2015: Gebäude und Wohnungen. Lange Reihen ab 1969–2013.

168 Statistisches Bundesamt Destatis, 2015: Gebäude und Wohnungen. Lange Reihen ab 1969–2013, darin folgende Zahlen: Wohnungsbestand Berlin 1991: 1,72 Mio., 2011: 1,87 Mio. Wohnfläche der Wohnungen Berlin 1991: 116,330 Mio. m², 2011: 135,947 Mio. m².

169 Brand Eins 03/2012, Oliver Link, Interview mit Henrike Stefanie Gänß: »Hab, aber Gut?«.

170 SZ, 26.09.2014, Oliver Herwig: »Achtung, Stolperfalle!«

171 DAB 03/2012.

172 IZ, 20.03.2014, Martina Vetter: »Studentenbuden für 19 Euro/m² nettokalt«.

173 Laut Experten von Savills in Die Presse, 27.06.2014: »Starke Nachfrage nach Wohnraum für Studierende«.

174 IZ, 09.09.2010, Albert Engelhardt: »Ein Drittel der Fläche wird verschwendet«.

175 BerlZ, 10.09.2013, Jutta Maier: »Wir sind fast ausgebucht«.

176 IZ, 04.11.2010, Albert Engelhardt: »Flächeneffizienz: Hier schlummern viele Milliarden Euro«, Interview.

177 IZ, 15.07.2010, Albert Engelhardt: »Bezirk Spandau spart sich vier Gebäude und 650.000 Euro im Jahr«.

178 Der Spiegel, 30.08.2012, Christian Tröster: »Recycling-Architektur: Nur wer nicht baut, baut gut«.

179 TSP, 09.09.2010, Christina Tillmann: »Architektur als Streitkultur. Die Krisenkrieger«.

180 Wilkens, 2010.

181 Kopatz, 2013: 172.

182 Steff Fischer, mündliche Mitteilung, 05.06.2015.

183 Petzet, Muck & Heilmeyer, Florian, 2012: 63.

184 GdW, 2014: 3.

185 Die Grünen, Fraktion im Abgeordnetenhaus Berlin in Kooperation mit openBerlin e.V., 2014.

186 Diese Geschichte ist dankend übernommen von Peter Eisenberg aus dem Grundriss der deutschen Grammatik.

187 www.verbietet-das-bauen.de/wahrheit-bernd-tischler/.

188 Borgelt u.a., 1988.

189 www.gerdstreng.de/.

190 www.stadtbaukultur-nrw.de/projekte/konferenz-umbaukultur/; www.verbietet-das-bauen.de/umbau-ohne-neubau/, beide letzter Zugriff 02.07.2015.

191 BpB 2003; Gemeinsames Datenangebot der Statistischen Ämter des Bundes und der Länder: Gebiet und Bevölkerung/Haushalte, www.statistik-portal.de/statistik-portal/de_jb01_jahrtab4.asp, letzter Zugriff 29.05.2015.

192 www.wohnenfuerhilfe.info, letzter Zugriff 02.07.2015.

193 uniCross Online-Magazin, 21.04.2015: »Die etwas andere WG«, www.unicross.uni-freiburg.de/2015/04/21/wohnen-fuer-hilfe-2/, letzter Zugriff 02.07.2015.

194 WK, 02.03.2014, Liane Janz: »Ein Stadtteilhaus für alle«.

195 Gemeinsames Datenangebot der Statistischen Ämter des Bundes und der Länder: Gebiet und Bevölkerung/Haushalte, www.statistik-portal.de/statistik-portal/de_jb01_jahrtab4.asp, letzter Zugriff 29.05.2015.

196 www.fluechtlinge-willkommen.de/.
197 SZ, 09.07.2010, Reinhard Seiss: »Obenauf im Swimmingpool«.
198 IZ, 06.02.2014: »Knick in der Fassade, Kick im Konzept«.
199 taz, 22.02.2014, Reiner Metzger: »Neustart, nicht nur für die Schweiz«.
200 www.sargfabrik.at/.
201 SZ, 03.09.2013, Wolfgang Koydl: »Miteinander, nicht nebeneinander«.
202 SZ, 04.03.2013, Clemens Haug: »Gekommen, um zu bleiben«.
203 SZ, 23.04.2015, Philipp Schulte: »Die Entprivatisierer«.
204 www.stiftung-trias.de.
205 SZ, 01.09.2009, Laura Weismüller: »Der Luxus eines Areals ohne Lofts«.
206 Mitscherlich, 1965: 23.
207 Immonet, Pressemitteilung vom 04.09.2014.
208 Laut Techem (2015) ziehen knapp zehn Prozent der Mieter jährlich um. Bei gut vierzig Millionen Haushalten in Deutschland ergibt das rund vier Millionen Umzüge.
209 IZ, 25.02.2014: »Immowelt übernimmt die Plattform Dreamflat«.
210 www.propotsdam.de/1537.html, letzter Zugriff 21.10.2014.
211 Focus, 05.02.2015: »Rentner sollen aus großen Wohnungen ausziehen«.
212 BerlZ, 15.10.2014, Ulrich Paul: »Arme Mieter in Berlin werden entlastet«.
213 IZ, 25.09.2014, Anke Pipke: »Der Flächenverbrauch ist der Knackpunkt«.
214 SZ, 16.01.2015, Joachim Göres: »Flucht vor der Abrissbirne«.
215 Von 39,3 m²/Person 1999 auf 37,6 m²/Person 2011, Quelle Statistisches Amt München, 2012.
216 SZ, 23.05.2015, Kathrin Werner: »Mikro in Manhattan«.
217 www.verbietet-das-bauen.de/wahrheit-felix-herzog/.
218 FR, 25.11.2009, Pia Volk: »Zimmer frei«.
219 Sächsische Zeitung, 28.04.2015: »Neuauflage für kostenloses Probewohnen in Görlitz«.
220 Kölner Stadtanzeiger (KStA), 06.03.2015, Barbara A. Cepielik: »Das Wunder von Hiddenhausen«, www2.hiddenhausen.de/Hiddenhausen/Wohnen/Bauen/Jung-kauft-Alt, letzter Zugriff 12.03.2015.
221 SZ, 17.04.2014, Kathleen Hildebrand: »Coole Platte«.
222 Das ursprüngliche Gebäude der Galerie M wurde 2014 abgerissen (BerlZ, 17.11.2013, Birgitt Eltzel: »Ein Kunsthaus verschwindet«); die Galerie nutzt seit 2012 ein Ladenlokal auch an der Marzahner Promenade.
223 taz, 30.03.2013, Ralph Martin: »Geht aufs Land, darauf kommt's jetzt an«; FAZ, 30.01.2013, Ralph Martin: »Vergesst die Großstadt!«.
224 IZ, 10.07.2014, Thorsten Karl: »Der eiserne Vorhang in NRW«.
225 EHI Handelsdaten: Verkaufsfläche im Einzelhandel in Deutschland nach Ost und West von 1980 bis 2013 (in Millionen Quadratmetern).
226 Zahlen zur Stagnation des inflationsbereinigten Umsatzes 2000 – 2014 in DG Hyp, 2015: 9.
227 IZ, 02.04.2015, Thorsten Karl: »Douvil-Planer geben sich zuversichtlich«.
228 Brune, 2014: 28.
229 BerlZ, 17.01.2012, Birgitt Eltzel: »Die Couch steht in der Herrenschuhabteilung«.

230 IZ, 11.07.2013, Christine Ryll: »Klare Absage an Billy«.

231 IZ, 31.10.2013, Thorsten Karl: »Land kippt Ikea-Ansiedlung«.

232 HDE, 2014.

233 Zalando Erfurt 125.000 m², https://corporate.zalando.de/sites/default/files/
150522_cc_pressemappe_de.pdf; Amazon Werne zwei Zentren mit zusammen
138.000 m², www.amazon-logistikblog.de/standorte/amazon-logistikzentren-
werne/; beide Quellen letzter Zugriff 03.06.2015.

234 Kopatz, 2013: 166; Kopatz 2014b.

235 Kopatz, 2014b.

236 Zitat von Urs Hausmann übernommen aus IZ, 22.03.2012, Monika Leykam:
»Nach Volksabstimmung: Schweizer im Schockzustand«.

237 Zahlen zu GdW-Mitgliedsunternehmen aus: GdW, 30.06.2014, Medien-Info.

238 Der Spiegel 22/2013, Harald Welzer: »Das Ende des kleineren Übels«.

239 BBSR, 2014.

240 BBSR 2012/14, Aktuelle und zukünftige Entwicklung von Wohnungsleer-
ständen in den Teilräumen Deutschlands, http://www.bbsr.bund.de/BBSR/
DE/FP/ReFo/Wohnungswesen/2012/Wohnungsleerstaende/01_Start.htm-
l?nn=439538&notFirst=true&docId=474566, letzter Zugriff 25.06.2015.

241 Innovationsagentur Stadtumbau NRW, 2009: Strategisches Leerstandsmanagement, Good Practice Reader; David R. Froessler, Torsten Wiemken,
Hendrik Jänsch.

242 Vormals FinanzIT; Quelle: Martin, Peter (2007): Fallbeispiele: Neue Konzepte
zur Flexibilisierung der Büroarbeit.

243 NWZ, 30.01.2015, Stephan Onnen: »Statt leerer Kinderzimmer 1000 neue
Wohnungen«.

244 http://www.bmg.bund.de/themen/pflege/leistungen/ambulante-pflege/senio-
ren-wohngemeinschaft.html, letzter Zugriff 26.06.2015.

245 Aktion Mensch, 2014: Gemeinsam wohnen. Das Förderprogramm der Aktion
Mensch.

246 SZ, 05.03.2015, Frank Müller: »Modell Gießkanne«; SZ, 06.03.2015: »Die
wundersame Welt der Ämter«.

Quellen

Aufsätze, Bücher

Borgelt, Christiane, u. a., 1988: Mietshaus im Wandel. Wohnungen der behutsamen Stadterneuerung, Berlin.

Brune, Walter, 2014: Factory Outlet Center. Ein neuer Angriff auf die City, Wiesbaden.

Brune, Walter, u. a. (Hrsg.), 2006: Angriff auf die City, Düsseldorf.

Feldtkeller, Andreas, u. a., 2015: Tübingen. Französisches Viertel. Stadt im Wandel Nr. 15, Regensburg.

Friebe, Holm, 2013: Die Stein-Strategie. Von der Kunst, nicht zu handeln, München.

Fröbe, Turit (Hrsg.), 2014: Stadtdenker. Ein Spielraum für urbane Entwicklungen, Berlin.

Fröbe, Turit, 2013: Die Kunst der Bausünde, Berlin.

Fuhrhop, Daniel (unter dem Geburtsnamen Isele), 1996: Verbietet das Bauen, in: Skyline Magazin für Architektur, Immobilien und Städtebau, Berlin.

Holm, Andrej, 2006: Privatisierung der Berliner Wohnungsbaugesellschaften. Präsentation bei der Konferenz zur Privatisierung in Berlin, 11. 02. 2006.

Holm, Andrej, 2007: Der schwindende Rest. Sozialer Wohnungsbau in Berlin, in: MieterEcho 323/August 2007, Berlin.

Holm, Andrej, 2010: Wir Bleiben Alle! Gentrifizierung – Städtische Konflikte um Aufwertung und Verdrängung, Münster.

Holm, Andrej, 2012: Von der Mieterstadt zur Stadt der steigenden Mieten, in: »Kotti & Co« und »Berliner bündnis sozialmieter.de«.

Kopatz, Michael, 2013: Die soziale-kulturelle Transformation, in: Huncke / Kerwer / Röming (Hrsg.): Wege in die Nachhaltigkeit, Wiesbaden.

Kopatz, Michael, 2014a: Suffizienz als Teil der Energiewende, in: Pöschk, Jürgen (Hrsg.): Energieeffizienz in Gebäuden 2014, Berlin.

Kopatz, Michael, 2014b: Politik und Bürger haben es in der Hand!, in: Suffizienz in der Baukultur, Tagungsband zum db-Suffizienz-Kongress 21. Mai 2014, Leinfelden-Echterdingen.

»Kotti & Co« und »Berliner bündnis sozialmieter.de« (Hrsg.), 2012: Nichts läuft hier richtig, Konferenz zum sozialen Wohnungsbau in Berlin, 13. 11. 2012.

Mitscherlich, Alexander, 1965/2008: Die Unwirtlichkeit unserer Städte, Frankfurt am Main.

Moewes, Günther, 1995: Weder Hütten noch Paläste. Architektur und Ökologie in der Arbeitsgesellschaft. Eine Streitschrift, Basel / Boston / Berlin.

Nagel, Britta, 2011: Soziale Stadt Bremerhaven-Wulsdorf. Stadt im Wandel Nr. 5, Berlin.

Paech, Niko, 2012: Befreiung vom Überfluss, München.

Petzet, Muck & Heilmeyer, Florian, 2012: Reduce. Reuse. Recycle. Publikation anlässlich des deutschen Beitrags zur 13. Internationalen Architekturausstellung der Biennale Venedig, Ostfildern.

Ruf, Friedhelm, 2010: Wenn Gott die Koffer packen muss. Über den schwierigen Umgang mit der Nachnutzung von Kirchen, in: Danielczyk u. a., 2010: Perspektive Stadt, Essen.

Siedentop, Stefan, 2013: Shrinking Smart. Über die (Un-)Möglichkeiten einer geplanten Schrumpfung von Städten. Vortragsfolien zur Tagung »Stadtwandel als Chance für Klima, Umwelt, Gesundheit und Lebensqualität«, 28.11.2013, Wuppertal.

Spars, Guido, 2014: Schrott- und Problemimmobilien in NRW. Vortragsfolien zum Vortrag RVR-Planernetzwerk, 09.05.2014, Essen.

Twickel, Christoph, 2010: Gentrifidingsbums oder eine Stadt für alle, Hamburg.

Weizsäcker, Ernst Ulrich von, u. a., 2010: Faktor Fünf. Die Formel für nachhaltiges Wachstum, München.

Wilkens, Michael, 2010: Nachhaltiges Planen und Bauen ohne Mehrkonsum – ein Widerspruch? Vortragsmanuskript, www.postwachstumsoekonomie.org.

Geschäftsberichte, Pressemitteilungen, Studien

Arge für zeitgemäßes Bauen e.V., 2009: Unsere alten Häuser sind besser als ihr Ruf, MB 238.

Arge für zeitgemäßes Bauen e.V., 2010: Unsere neuen Häuser verbrauchen mehr, als sie sollten, MB 239.

Arge für zeitgemäßes Bauen e.V., 2011: Wohnungsbau in Deutschland – 2011. Modernisierung oder Bestandsersatz. Studie im Auftrag der Initiative »Impulse für den Wohnungsbau«.

BI Dangast, 2013: Konzept zur Weiterentwicklung der Kuranlagen, Bürgerinfo Varel 228/2013 vom 31.05.2013, http://buergerinfo.varel.de/vo0050.php?__kvonr =2786, Zugriff 04.06.2015.

Bundesstiftung Baukultur (Hrsg.), 2014: Baukulturbericht 2014/15, Gebaute Lebensräume der Zukunft – Fokus Stadt. Deutsches Institut für Urbanistik (Difu), TU Berlin Institut für Stadt- und Regionalplanung.

Bundesinstitut für Bau-, Stadt- und Raumforschung (BBSR) im Bundesamt für Bauwesen und Raumordnung (BBR), 2014: Flächenverbrauch, Flächenpotentiale und Trends 2030, BBSR-Analysen kompakt 07/2014.

Bundesministerium für Bildung und Forschung (BMBF), 2012: Allgemeinbildende Schulen nach Schularten (2005–09), www.bmbf.de/daten-portal/bild-26.

Bundesministerium für Umwelt, Naturschutz, Bau und Reaktorsicherheit (BMUB)/ Statistisches Bundesamt, 2014: Anstieg der Siedlungs- und Verkehrsfläche, www. bmub.bund.de/themen/strategien-bilanzen-gesetze/nachhaltige-entwicklung/

strategie-und-umsetzung/reduzierung-des-flaechenverbrauchs/, Stand 18.12.2014, Zugriff 08.06.2015.

BMUB/BBSR, 2014: Verwahrloste Immobilien. Leitfaden zum Einsatz von Rechtsinstrumenten beim Umgang mit verwahrlosten Immobilien – »Schrottimmobilien«.

Bundesministerium für Verkehr, Bau und Stadtentwicklung (BMVBS), 2012: 5. Statusbericht Stadtumbau Ost: 10 Jahre Stadtumbau Ost – Berichte aus der Praxis.

Bundesverband deutscher Wohnungs- und Immobilienunternehmen e.V. (GdW), 2014: Medien-Info, 30.06.2014: »Wohnungswirtschaft legt stabile Jahresbilanz vor – Regulierungspläne trüben Zukunftsaussichten«.

Bundeszentrale für politische Bildung (BpB)/Andersen, Uwe & Woyke, Wichard (Hrsg.), 2003: Handwörterbuch des politischen Systems der Bundesrepublik Deutschland: Wohnungspolitik, www.bpb.de/nachschlagen/lexika/handwoerterbuch-politisches-system/40413/wohnungspolitik?p=all, Zugriff 04.06.2015.

BUND/Brot für die Welt (Hrsg.), 2008: Zukunftsfähiges Deutschland in einer globalisierten Welt. Studie des Wuppertal Instituts für Klima, Umwelt, Energie, Frankfurt am Main.

Büroflächenstudie Wuppertal/Guido Spars & Roland Busch (Autoren), 2013: Büroimmobilienmarkt Wuppertal, 2. Aktualisierung der Vollerhebung, Bergische Universität Wuppertal.

CA Immo, 2007: Pressemitteilung, »CA Immo beabsichtigt, deutschen Vivico-Konzern für rund 1,03 Mrd. € zu erwerben«.

Centro, 2015: Centro Neue Mitte Oberhausen, Presseinformationen, Stand 06-2015.

Deutsche Annington, 2015: Pressemitteilung, 30.04.2015, Hauptversammlung: »Deutsche Annington Immobilien SE zahlt 11,4 Prozent mehr Dividende und führt ab Herbst neuen Namen«.

DG Hyp, 2015: Regionale Immobilienzentren Deutschland 2015.

Die Grünen, Fraktion im Abgeordnetenhaus Berlin in Kooperation mit openBerlin e.V., 2014: Räumliche Potenziale für den Wohnungsbau in Berlin.

Eichener, Volker, 2012: Wohnungsbau in Deutschland – Zuständigkeiten von Bund, Ländern, Kommunen und Europäischer Union?, Studie im Auftrag der Initiative »Impulse für den Wohnungsbau«.

Empirica, 2014: Pressemitteilung, 08.12.2014, zum CBRE-empirica-Leerstandsindex 2013.

Empirica/Reiner Braun (Autor): »Mietanstieg wegen Wohnungsleerstand! Kein ›zurück-in-die-Stadt‹, sondern ›Landflucht‹«, 2014: empirica paper Nr. 219.

Expo Real, 2011: Aussteller-Presseinformation, 28.09.2011, »Expo Real: Msheireb Properties unterstreicht Katars Vorreiterrolle in verantwortungsvoller Stadtentwicklung«.

Gemeente Amsterdam Ontwikkelingsbedrijf/Judith Codrington, Lies ter Voort, Paul Oudeman (Autoren), 2013: Zesde Voortgangsrapportage Aanpak leegstand kantoren.

Gesobau, 2009: Modernisierung des Märkischen Viertels in Berlin. Integriertes Entwicklungskonzept für eine 60er Jahre Großwohnsiedlung.

Hamburgisches Weltwirtschaftsinstitut (HWWI), 2010: Haspa Hamburg-Studie »L(i)ebenswertes Hamburg«.

Handelsverband Deutschland (HDE), 2014: E-Commerce-Umsätze: November 2014, www.einzelhandel.de/index.php/presse/zahlenfaktengrafiken/item/110185-e-commerce-umsaetze, Zugriff 03.06.2015.

Hochtief, 2007: Pressemitteilung, 05.09.2007, »Hochtief erwirbt mit einem Partner Immobilientochter der DB AG aurelis«.

Immowelt, 2012: Pressemitteilung, 29.03.2012, »Großstädte: Immobilienpreise sanken in den letzten fünf Jahren teilweise drastisch«.

Immonet, 2014: Pressemitteilung, 04.09.2014, »Immonet Mobilitätsstudie belegt: Liebe ist der häufigste Umzugsgrund«.

Interhyp, 2013: Pressemitteilung, 05.02.2013, »Immobilienboom: Trotz höherer Kaufpreise verschulden sich Darlehensnehmer nicht stärker«.

Kapels, Hartmut, 2013: Deichhörn Präsentation, Download von Bürgerinfo Varel 170/2013, 22.04.2013, Betriebsausschuss für den Eigenbetrieb Kurverwaltung Nordseebad Dangast, http://buergerinfo.varel.de/vo0050.php?__kvonr=2727, Zugriff 29.11.2013.

Landesinitiative StadtBauKultur NRW 2020 (Hrsg.)/Jörg Beste (Autor), 2014: Kirchen geben Raum – Empfehlungen zur Neunutzung von Kirchengebäuden.

Pestel Institut/Matthias Günther (Autor), 2012: Mietwohnungsbau in Deutschland, Kurzfassung im Auftrag der Kampagne »Impulse für den Wohnungsbau«.

Peters, Rudolf, 2013: Deichhörn Präsentation Nordseeportal Dangast, Download von Bürgerinfo Varel 170/2013, 22.04.2013, Betriebsausschuss für den Eigenbetrieb Kurverwaltung Nordseebad Dangast, http://buergerinfo.varel.de/vo0050.php?__kvonr=2727, Zugriff 29.11.2013.

Regierungspräsidium Hessen, 2007: Planfeststellungsbeschluss, Ausbau Verkehrslandeplatz Kassel-Calden zu einem Verkehrsflughafen, www.dfld.de/Andere/Calden/PFB/Planfeststellungsbeschluss.pdf, Zugriff 04.06.2015.

Statistisches Amt München, 2012: Die durchschnittliche Wohnfläche in qm pro Einwohner in Wohn- und Nichtwohngebäuden in den Landkreisen der Region 14, 1997–2011, S.12, www.muenchen.de/rathaus/Stadtinfos/Statistik/Regionaten.html, Zugriff 05.06.2015.

Statistisches Bundesamt, 2013/2015: Gebäude und Wohnungen, Bestand an Wohnungen und Wohngebäuden, Lange Reihen ab 1969–2013, korrigiert 2015, www.destatis.de/DE/Publikationen/Thematisch/Bauen/Wohnsituation/FortschreibungWohnungsbestandPDF_5312301.pdf?__blob=publicationFile, Zugriff 01.06.2015.

Statistisches Bundesamt, 2015: Bevölkerungsstand, www.destatis.de/DE/ZahlenFakten/GesellschaftStaat/Bevoelkerung/Bevoelkerungsstand/Tabellen_/lrbev03.html, Zugriff 01.06.2015.

Techem, 2015: Pressemitteilung Nr. 8, 22.05.2015, »Mieter in Deutschland ziehen seltener um als im Vorjahr«.

Verband Berlin-Brandenburgischer Wohnungsunternehmen e.V. (BBU), 2012: Presseinformation Jahrespressekonferenz Brandenburg, 23.05.2012.

Verband der privaten Bausparkassen e.V., 2013: Bericht über das Geschäftsjahr 2013.

Volkswagen AG, 2015: Pressemitteilung, 12.01.2015, »Erstes Etappenziel der Strategie 2018 erreicht: Volkswagen Konzern liefert erstmals über 10 Millionen Fahrzeuge aus«.

Wuppertal, Geschäftsbereich Stadtentwicklung, Bauen, Verkehr, Umwelt, 2015: Wohnungsleerstandsanalyse.

Wuppertal, Antwort auf Anfrage zum Flächenverbrauch in Wuppertal, Drucksache Nr. VO/0803/12/1/-A, 12.11.2012.

Weitere Medien
(und ihre Abkürzungen in den Fußnoten)

Arch+; Bauwelt; Berliner Zeitung (BerlZ); Bild; brand eins; Deutsches Architektenblatt (DAB); Deutsche Bauzeitschrift (DBZ); EHI Handelsdaten; Frankfurter Allgemeine Zeitung (FAZ); Focus; Frankfurter Rundschau (FR); Hamburger Abendblatt (HAbl); Handelsblatt; Hessische/Niedersächsische Allgemeine (HNA); Hochparterre; Hamburgisches Weltwirtschaftsinstitut (HWWI); Immobilien Zeitung (IZ); Kölner Stadt-Anzeiger (KStA); Mannheimer Morgen; Berliner Morgenpost (MoPo); Mitteldeutsche Zeitung (MZ); National Geographic Deutschland; Neues Deutschland (ND); Nordwest-Zeitung (NWZ); Neue Zürcher Zeitung (NZZ); Rheinische Post (RP); Sächsische Zeitung; Der Spiegel; Süddeutsche Zeitung (SZ); Der Tagesspiegel (TSP); die tageszeitung (taz); Trierischer Volksfreund; Welt am Sonntag (WamS); Westdeutsche Allgemeine Zeitung (WAZ); Die Welt; Weser Kurier; Wirtschaftswoche; Die Zeit; Zitty.

Blog, Website

Daniel Fuhrhop betreibt den Blog »Verbietet das Bauen« und eine persönliche Website:

www.verbietet-das-bauen.de

www.daniel-fuhrhop.de

Über den Autor und Dank

Wie man Sand, Wasser und Zement zu gutem Beton mischt, lernte ich 1989 im Baupraktikum. Mein Betonmodell im Architekturstudium war gut gebaut, aber Entwerfen gelang mir schlechter als Betonieren. Für die ehrliche Kritik daran geht der Dank an meinen Architekturprofessor Rainer Hascher, der ungewollt dazu beitrug, dass ich mich nach anderen Möglichkeiten umschaute.

© Privat

1991 erschien erstmals das von mir konzipierte Magazin Zeichenhilfe für Erstsemester der Architektur (2005 wurde es – ebenso wie das Magazin Der Entwurf für das Hauptstudium – zum Supplement der Architekturzeitschrift DBZ). Im Studium wechselte ich zur Betriebswirtschaft, publizierte das Architekturmagazin a3000 und arbeitete im Magazin Skyline des Berliner Tagesspiegels. Dort erschien 1996 die Polemik »Verbietet das Bauen«, deren Grundidee in diesem Buch auftaucht. Für die Freiheit der Themenwahl und für das journalistische Handwerkszeug danke ich dem damaligen Chefredakteur Ralf Schönball und den Kollegen Volker Bormann, Karola Menger und Martina Vetter.

Harald Bodenschatz betreute 1998 meine Diplomarbeit über Shoppingcenter aus betriebswirtschaftlicher und stadtplanerischer Sicht. Dafür und für viele Anregungen bis heute mein besonderer Dank.

Von 1998 bis 2013 leitete ich den Stadtwandel Verlag. Diesen Architekturverlag aufzubauen beschäftigte mich viele Jahre so umfassend, dass wenig Zeit für andere Gedanken blieb. Doch dann starb 2007 mein guter Freund Stefan Lühle im Alter von neununddreißig Jahren. Während des Studiums hatten wir uns gemeinsam politisch engagiert, auch für die Umwelt. So bauten wir bei einem Stadtfest ein Fahrrad auf, mit dem man die Energie für eine Orangenpresse selbst erzeugte – nie wurde mir der Wert der Energie klarer als bei diesem hart erarbeiteten Getränk. Stefans früher Tod hat ihn daran gehindert, sich auch in seinem Beruf als Jurist intensiver Umweltfragen zu widmen, wie er es eigentlich vorgehabt hatte. So wurde mir schmerzhaft bewusst, dass wir hier und heute die guten Dinge tun müssen, zu denen uns vielleicht morgen keine Zeit mehr bleibt.

Darum begann ich, über meinen Beruf als Architekturverleger nachzudenken, und startete 2010 eine Publikationsreihe zum Stadtwandel in Zeiten des Klimawandels. Für die Geduld bei diesem Themenwechsel und für ihr Engagement über all die Jahre danke ich meinen ehemaligen Mitarbeiterinnen Petra Gantzberg, Astrid Kaspar und Cathleen Schliefke.

Die damaligen und heutigen Diskussionen mit den Reihenpartnern zum Stadtwandel in Zeiten des Klimawandels nutzten auch diesem Buch. Der Dank dafür geht an Oscar Reutter vom Wuppertal Institut für Umwelt, Klima und Energie, Roland Stimpel vom Deutschen Architektenblatt und Thomas Porten von der Immobilien Zeitung.

Viele Gespräche rund um die Publikationen und darauffolgende Veranstaltungen gingen direkt oder indirekt in dieses Buch ein. Vielen Dank an: Katja von der Bey, Bert Bielefeld, Christian Bruns, Oliver Elser, Cordula Fay, Werner Genter, Uli Hellweg, Christian Holl, Frank Junker, Martina Köchling, Erika Kröber, Britta Nagel,

Jörn Richters, Volker Ries, Michael Schmutzer, Ralf Schüle, Aino Simon, Michael Zarth und Holger Zimmer.

Zu 2013 verkaufte ich meinen Architekturverlag und startete im Herbst den Blog »Verbietet das Bauen«. Zahlreiche Gespräche seither befruchteten dieses Buch. Ohne Anspruch auf Vollständigkeit sei herzlich gedankt: Nikolaus Bernau, Rainer Bohne, Walter Brune, Andreas Feldtkeller, Turit Fröbe, Stefan Gericke, Felix Herzog, Yorck Höpfner, Thomas Kaulen, Christina Kleinheins, Michael Kopatz, Beate Lama, Sieghard Lückehe, Rolf Novy-Huy, Niko Paech, Muck Petzet, Holger Pump-Uhlmann, Tim Rieniets, Armin Scharf, Uwe Schneidewind, Brigitte Schultz, Stefan Siedentop, Arne Steffen, Bernd Tischler, Georg Unger und Harald Welzer.

Dieses Buch hätte es nie gegeben ohne das Engagement von Hans-Joachim Ewert. Seine Begeisterung für die Polemik »Verbietet das Bauen« ermunterte mich, die Gedanken auszuformulieren. Dabei halfen viele Gespräche und seine Kommentare zum Manuskript. Letzteres zum Buch zu machen und dabei immer weiter zu verbessern, daran hat der unermüdliche Christoph Hirsch vom oekom verlag großen Anteil.

Aus besonderem Anlass danke ich meiner Mutter Inga Isele für ihre ökobewegte Phase der 1970er-Jahre. Das Buch profitierte von ihren Anmerkungen zum Manuskript sowie von den Kommentaren der Erstleserin Lisa Boekhoff, der Journalistin Maren Wernecke und meiner Frau Nanna Fuhrhop. Auch dank ihres Vorbilds als Autorin und dank ihrer Ermutigung habe ich gewagt, dieses Buch zu schreiben.